パリ協定で動き出す
再エネ大再編

世界3大市場で伸びる事業を見極めろ

日本総合研究所
井熊 均
瀧口信一郎
著

B&Tブックス
日刊工業新聞社

はじめに

　2016年は電力の小売り全面自由化が始まり、電力ビジネスへの注目が集まった。しかし、1年を経過してみると、自由化で勢力を拡大したのは、2000年以降の自由化から電力事業の基盤を作ってきた事業者と、従来事業の中で良好な顧客基盤を形成してきた事業者などに限られた。小売り全面自由化で新規参入者が苦戦した理由はいくつかあるが、最大の理由は、日本の電力需要が目に見えて減退する時期まで自由化が先送りされたことだ。

　それに比べると、再生可能エネルギー（再エネ）市場には可能性がある。電力需要が減退する日本市場でも、再エネ市場だけは確実に拡大するからだ。海外に目を転じれば、国内とは比べものにならない規模の市場が開ける。

　一方、2012年に施行された固定価格買取制度では、拡大するグローバルな再エネ市場を捉えようとする視点が欠如していたため、かつての公共事業のように、制度に依存した企業を生み出してしまった。パリ協定を契機として世界的に再エネ市場の拡大する中で、同じことを繰り返してはならない。そのために必要なのは、グローバル市場の動向と、日本の置かれた状況を冷静に見極めることだ。

　エネルギー市場は各国の政治動向と密接に関わるため、グローバル市場に大きな影響力を持つ国の政策動向を把握することが欠かせない。日本の立場については厳しい見方も必要だ。グローバルな再エネ市場で、最も多くの発電収入を生み出すのは大規模ウィンドファームとメガソーラーだが、この分野ではグローバル市場の趨勢が決まりつつある。日本は、自らの強みを活かせる戦略に集中しなくてはいけない。

　本書は再エネ市場に関するこうした認識から、まず、第1章でパリ協定の背景を把握し、第2章では、グローバルな再エネ市場に最も大きな影響を与えるアメリカ・中国・EUの3大市場、および今後は存在感を増すと見られ

るインド市場の動向をまとめた。その上で、第3章では今後の市場動向を左右する重要なポイントを15に整理し、第4章では日本が注力すべき戦略を8つにまとめた。

　本書が、日本がグローバルな再エネ市場で成長の足がかりを得るために、少しでも役立つことがあれば喜ばしい限りである。

　本書は、テキサス大学でエネルギー関連分野のMBAを取得して以来、エネルギー一筋で取り組んできた瀧口信一郎君との共同執筆とした。今後の市場や政策の動向については、専門的な知見と分析力を披露してもらった。多忙の中、執筆に当たってもらったことにお礼を申し上げたい。同じく、創発戦略センターの王停さんには中国市場について多くの助言を頂いた。この場を借りてお礼申し上げる。日刊工業新聞社の矢島俊克氏には本書の企画からお世話になった。この場を借りてお礼申し上げたい。最後に、日頃より筆者に対してご指導ご支援を頂いている株式会社日本総合研究所に対して心より御礼を申し上げたい。

　　2017年 早春

　　　　　　　　　　　　　　　　　　　　　　　　　　　　井熊 均

パリ協定で動き出す
再エネ大再編
世界3大市場で伸びる事業を見極めろ

目　次

はじめに …… 1

第1章
パリ協定で見えた再エネ主導のエネルギーシステム

1 パリ協定の合意が意味するもの ……8
京都議定書以来の効力を持つパリ協定／京都議定書の反省／柔軟性を重視したパリ協定／アメリカの事情／アメリカの排出削減のレベル／再燃する目標設定の議論／パリ協定を批准した中国の事情／政策に担保された温室効果ガス削減策／先進国と途上国間の壁

2 変わる再エネ市場のパワーバランス ……21
影響力が低下する欧州／イギリス離脱も影響／国内志向に転換するアメリカ／トランプ政権の行方／トランプ発言の裏を読む／温室効果ガス削減に一枚岩の中国／台頭する中国

3 どうなる？日本の対応 ……27
容易でない再エネの積み増し／困難極める原子力発電の目標達成／頼りは省エネ／容易でないパリ対応／問われる日本の姿勢／出遅れた日本

column 相変わらずエネルギー市場の見極めが下手な日本 ……34

第2章
再エネの行方を決める3大市場の動向

1 再エネの3大市場のインパクト ……36
電力市場は3大市場が5割超／3大市場で決まる再エネの方向性／経済力と密接に関係する電力・再エネの将来／3大市場に食い込むインド

2 先行指標となるEU市場 ……41
火力を中心とした自由化／EUの政治的意図／加速する再エネ／風力中心のエネルギーシステムへ／座礁資産化した火力発電／風力中心と脱火力の限界（EU全体はドイツ化しない）／風力発電の本当のコスト／風力発電導入の壁、容量クレジット／将来の電源ポートフォリオ／中核電源としての風力発電の役割／FITの終焉／容易ではない脱石炭／不可欠な調整電源となる火力発電／イギリスEU離脱でブレーキがかかる電力市場統合／市場統合の壁／メガソーラーの役割が縮小する／バイオマス発電への期待／地域密着が新たな発展の機会に

3 経済性前提のアメリカ市場 ……62
一貫した経済性重視／変わることのないアメリカの政策姿勢／シェールオイル／ガスで復活したアメリカのエネルギー産業／波及するシェールの効果／天然ガス火力が急増／石炭産業の雇用問題／風力発電の急増／風力発電を支えた国・州の政策／トランプ政権下でも失速しない風力発電／アメリカは1つではない／EU型の西部／伝統産業温存の東部／資産経済の南部

4 圧倒的な影響力を持つ中国市場 ……79
成長を続ける中国／中国のエネルギー問題／石炭産業の雇用問題はアメリカ以上／石炭依存が引き起こす環境問題／国策の石油・天然ガス産業育成／天然ガス調達のための一帯一路／膨大な風力発電の可能性／風力発電機器メーカーは世界を制覇する／風力発電が太陽光発電も牽引／石炭＋風力の構図

5 EUを抜き3大市場となるインド市場 ……92
静かで着実な成長／エネルギー需要で2040年にEU超え／非資源国の悩み

／モディ政権の電力改革／中国の後を追う環境問題／複数の資源に恵まれた再エネ大国／再エネ関連企業の成長／海外企業の参入／コール＆バリエーションのある再エネというモデル

column 解決すべき課題はどの国でも同じ? ……102

第3章
パリ協定から2030年までの15の変化

1 再エネ市場の本格的な拡大が始まる ……104
2 国際議論の中心は太平洋に移動する ……106
3 風力発電が再エネ電力の中心となる ……108
4 「火力+再エネ」が汎用モデルになる ……110
5 火力電源が送電網の機能の一部となる ……112
6 メガソーラーは特定地域向けの事業手法となる ……114
7 FITは終焉する ……116
8 火力発電と再エネ発電の立場が変わる ……118
9 原子力発電の国家関与が強まる ……120
10 中国メーカーが再エネ市場を席巻する ……122
11 火力の焦点は「座礁資産」から技術革新に変わる ……124
12 バイオエネルギーの位置づけが変わる ……126
13 メガ電力サプライヤーが復権する ……128

14 分散電源の市場が拡大する ……130

15 ポストパリの時代が来る ……132

column　パリ協定を機に浮上する産業とは? ……134

第4章
再エネ大再編時代に立ち向かう日本の戦略

1 再エネ市場での日本のポジションを定める ……136
再エネ・エネルギーシステムの4つのタイプ／新たに生まれる再エネ格差／再エネ産業2つの選択肢／注目すべき中国モデル／再エネ産業における日本の選択肢

2 パリ協定の下での日本の8つの戦略 ……143
戦略作りに向けた日本の特徴／戦略1：大市場向け再エネサプライヤーに見切りをつける／戦略2：メガ電力オペレータを育成する／戦略3：日本型の再エネシステムを作り上げる／戦略4：分散型エネルギーシステムで世界をリードする／戦略5：省エネ技術で世界をリードする／戦略6：火力発電の技術に磨きをかける／戦略7：日本びいきの国を増やす／戦略8：ポストパリを見据えたエネルギーシステムに投資する

column　海外市場で稼ぐ方法を真剣に考えよ ……160

第1章
パリ協定で見えた再エネ主導のエネルギーシステム

1 パリ協定の合意が意味するもの

▶ 京都議定書以来の効力を持つパリ協定

　2015年末、パリで第21回国連気候変動枠組条約締約国会議（COP21）が開催され、今世紀末に世界中で温室効果ガスの排出量を実質的にゼロにすることを目指すパリ協定が合意された。1997年に合意された京都議定書以来の拘束力を持った協定とされ、世界中から注目されている。

　様々な視点が盛り込まれたパリ協定だが、目標の高さ、実効性の重視、参加国の広さ、という点が注目される（**表1-1**）。

　目標については、「世界的な平均気温上昇を、産業革命以前に比べて2℃より十分低く保つとともに、1.5℃に抑える努力を追求する」としている。そのために、「今世紀末に人為的な温室効果ガスの排出と吸収源による除去を均衡させる」、つまり温室効果の増加を実質ゼロにすることに取り組む。

　京都議定書は1990年を基準年として、各国が温室効果ガスの削減率を約束する枠組みであった。地球温暖化にどれだけ効果があるかを前提に、目標が設定されたとは言えない。これに比べると、パリ協定は今世紀後半の地球の状態を目標にしている。世界的な平均気温が2℃以上上昇すると、各国の経済活動や国民生活に甚大な影響が出ることが明らかになってきたからである。京都議定書から20年弱の間に、地球温暖化に関する具体的なリスクが共有されるようになったことが、高い目標につながった。時には（温室効果ガスと温暖化は関係ない、など）心ない批判を受けながらも、地球温暖化のリスクを科学的に分析し続けたことの成果と言える。

　次に、実効性を重視した枠組みは、パリ協定の最も重要なポイントと言える。参加各国は温室効果ガス削減の目標を世界に示し、達成に向けて着実に対策を講じる義務を負う。1997年に京都で合意され、2005年に批准された京都議定書は、参加国が温室効果ガスの削減を目指すための目標と義務を

表1-1　パリ協定のポイント

主な項目	内容
長期目標	世界共通の長期目標として2℃目標の設定。1.5℃に抑える努力を追求することに言及
目標の提出・更新	主要排出国を含むすべての国が削減目標を5年ごとに提出・更新
市場メカニズム	2国間クレジット制度（JCM）も含めた市場メカニズムの活用を位置づけ
適応	適応の長期目標の設定、各国の適応計画プロセスや行動の実施、適応報告書の提出と定期的更新
資金	先進国が資金の提供を継続するだけでなく、途上国も自主的に資金を提供
報告・レビュー	すべての国が共通かつ柔軟な方法で実施状況を報告し、レビューを受けること
実施状況の確認	5年ごとに世界全体の実施状況を確認する仕組み（グローバル・ストックテイク）

出典：環境省資料より抜粋

負った初の国際的で歴史的な枠組みであったが、その経緯を見ると反省点も多い。

　まず当時、世界最大の温室効果ガス排出国であり、自由主義陣営の盟主であるアメリカが離脱し、ロシアを加えて、何とか参加国の温室効果ガス排出量が世界の排出量の55％を上回る、という条件を満たすことができた。また、温室効果ガス削減の約束期間に入って、ポスト京都の議論が始まると、事もあろうに、京都議定書が合意された際のCOP開催国である日本が離脱してしまった。温室効果ガスの削減に向けた初の国際的な枠組みである京都議定書が、実際に効力を発揮した期間はあまりにも短かった。一方で、仮に京都議定書の枠組みが続いたとしても、現在世界の温室効果ガス排出量の3分の1を超えるアメリカと中国を除いたままでは、実効性が問われていたことだろう。

▶ 京都議定書の反省

　世界の中で称賛された議定書から重要な関係国が離脱した最大の理由は、

同議定書のルールの頑なさだ。企業を対象として温室効果ガスの削減策を講じる場合、削減量を算定するための基準年を定めるのが一般的だ。したがって、国際的に温室効果ガスの削減を約束する際にも、基準年を決めて目標を設定することは一見妥当に見える。しかし、環境政策の歴史は国によって差があり、エネルギー効率のレベルや各国を取り巻く政治・経済情勢にも大きな違いが存在する。そこで一律のルールを定めれば、参加国から公平や不公平についての意見が出るのは避けられない。

　日本はオイルショック以来、国を挙げてエネルギー効率の向上に取り組み、成果を上げてきた。今でも、世界的に省エネでは日本が最も進んでいるという認識がある。実際、生産単位当たりの温室効果ガス排出量のレベルが世界で最も低いという産業がいくつもある。日本としては、各国のエネルギー利用効率をまずは日本のレベルに引き上げることを前提に、温室効果ガスの削減目標を設定すべきだと言いたくなる。一方、欧州はエネルギー効率が西側諸国に比べて著しく低い旧東欧諸国を抱えていたから、削減余地が大きく、基準年に対して削減義務を設定するルールは対処しやすかった。

　こうした各国の事情を丁寧に斟酌することなく、1990年を基準年として2008年から2012年の第一約束期間に、日本6%、アメリカ7%、EU8%という、ほぼ横並びの目標を設定したことが日米の反発を招いた。結果としてアメリカは京都議定書の発効前、そして日本は発効後に京都議定書から離脱することになった。

　市場メカニズムのルールも硬直的だった。京都議定書では、先進国が途上国で実施したプロジェクトによる温室効果ガス削減量を自国の削減量に織り込むための、いわゆる「京都メカニズム」が導入された。エネルギー効率の低い途上国で温室効果ガス削減のためのプロジェクトを立ち上げれば、プロジェクトのコストも安いし、自国で取り組むよりはるかに経済的だ。

　しかし、京都議定書の重要な意義は各国が温室効果ガスの削減に主体的に取り組むことにあるから、京都メカニズムはある種の抜け駆けにつながるリスクがある。そこで、温室効果ガスの削減に参入できるプロジェクトの審査を厳格にしたが、それがプロジェクトの普及にブレーキをかけた。

　地球温暖化は世界全体の問題だ。今になって思えば、効果が見込まれるのであれば途上国や新興国への投資を積極的に奨励し、世界全体としての成果

の拡大を目指すべきだった。

▶ 柔軟性を重視したパリ協定

　温室効果ガスの削減は、各国が10年単位で取り組んで始めて地球温暖化の抑制に効果がある。そのためには何よりも、長期にわたるモチベーションの維持が重要になる。しかし、京都議定書では、基準年からの削減率に固執したため、評価の厳格さが優先され、融通の利かない目標設定や審査が行われてしまった。それで参加国が減るのでは元も子もなかった。国というものの心理の重要性を理解できなかったと言える。

　京都メカニズムにしても、地球温暖化対策としての効果を重視するのなら、プロジェクトの数を増やさないといけないが、厳格なルールがそれを阻んだ。実際の効果よりルールが優先されてしまった反省の歴史だ。

　パリ協定にはこうした京都議定書の反省が反映されている。協定では「衡平及び各国の異なる事情に照らしたそれぞれ共通に有しているが差異のある責任及び各国の能力の原則を反映する」、「自国が決定する貢献に関し、……野心的な取組を実施し、提出する」とされている。削減策の効果は、透明性、正確性、完全性、比較可能性、整合性、二重計上の回避などを前提に、各国が計測し報告することとなっている。

　市場メカニズムについても、「国際的に移転される緩和の成果の活用は、自主的かつ参加締約国の承認による」とされ、各国の自主性が尊重された。日本が長年取り組んで来た2国間クレジット（JCM）も、ようやく日の目を見る可能性が出てきた。もちろん、パリ協定は各国の自主性に任せるだけの野放図な枠組みである訳ではない。自主的な目標を掲げながらも、説明性のある方法で効果を測定して他国に報告し、5年ごとに自国が目指す「貢献」をアップデートして提出することになっている。運営次第のところはあるが、厳しい監視のメカニズムが働く可能性はある。

　パリ協定に基づき、各国が地球温暖化の抑制にどれだけ貢献するかは、今後正式に提示されることになる。ただし、2015年末までにCOP20までの議論を反映し、各国が提示している温室効果ガスの削減目標は京都議定書の目標よりはるかに高い（**表1-2**）。背景には、省エネや再エネの技術レベル、実施のためのコストが京都議定書の頃から大幅に改善されたことと、地球温

表1-2 各国の温室効果ガス排出削減目標(2015年12月12日時点)

先進国（附属書Ⅰ国）	
米国	2025年に－26～－28%（2005年比）。28%削減に向けて最大限取り組む
EU	2030年に少なくとも－40%（1990年比）
ロシア	2030年に－25～－30%（1990年比）が長期目標となり得る
日本	2030年度に2013年度比－26.0%（2005年度比－25.4%）
カナダ	2030年に－30%（2005年比）
オーストラリア	2030年までに－26～－28%（2005年比）
スイス	2030年に－50%（1990年比）
ノルウェー	2030年に少なくとも－40%（1990年比）
ニュージーランド	2030年に－30%（2005年比）
途上国（非附属書Ⅰ国）	
中国	2030年までにGDP当たりCO_2排出量－60～－65%（2005年比）。2030年前後にCO_2排出量のピーク
インド	2030年までにGDP当たり排出量－33～－35%（2005年比）
インドネシア	2030年までに－29%（BAU比）
ブラジル	2025年までに－37%（2005年比）（2030年までに－43%（2005年比））
韓国	2030年までに－37%（BAU比）
南アフリカ	・2020年から2025年にピークを迎え、10年程度横ばいの後、減少に向かう排出経路をたどる ・2025年および2030年に3億9,800万～6億1,400万トン（CO_2換算）（参考：2010年排出量は4億8,700万トン（IEA集計））

出典：環境省資料

暖化のリスクが各地で顕在化してきたことがある。前者については、例えば、大規模の風力発電のコストは火力発電に比肩するようになり、太陽光発電のコストも数分の1になった。再エネの大幅な経済性の向上で、各国はエネルギー源の低炭素化に対する自信を高めた。

日本での歴史を見ると、環境政策は政府が定めた基準を企業が満たすという枠組みから、意識の高い企業が実現したレベルが市場を引っ張るという、自主・モチベーション型に代わって久しい。政府が基準を課す場合、ほとんどの企業がクリアできることを前提とするため、意識の高い企業にとっては実力より低めに目標が設定される。

　市場が企業の環境貢献を評価するようになり、情報公開が進むと、企業は積極的に環境貢献に励むようになった。自主的に創意工夫を凝らして捻り出した成果は、従来の政策主導の規制のレベルを大きく超える場合が多い。このように、企業の環境行動については、自主的なメカニズムの有効性が共有されている。パリ協定でも各国の自主性を尊重してきたことで、同じようなメカニズムが働くことを期待したい。

▶ アメリカの事情

　京都議定書と比べたパリ協定の最大の成果は、世界最大の温室効果ガス排出国である中国と同2位のアメリカが参加したことだ。2016年9月3日には、オバマ大統領が中国の習近平国家主席とともにパリ協定の批准を表明した。両国の英断により実現した2大温室効果ガス排出国の参加は、柔軟性を重視したパリ協定の枠組みの賜物と言える。京都議定書のような基準押し付け型の枠組みを継承していたら、2大排出国の参加はなかっただろう。

　アメリカは京都議定書を批准しなかったが、パリ協定批准に向けた国際的な合意作りについて積極的に動いていた。中国やインドなどの大排出国に働きかけ、国際的な議論をリードしようとした。特に、アメリカとの大国関係を築きたい中国については呼びかけに力を入れた。

　アメリカがこうした姿勢を示したのは、京都議定書を批准しなかったことへの反省もあろうが、地球温暖化が深刻さを増す中で国際的な議論での存在感を維持しよう、あるいは大国化する中国との議論のカードにしよう、との政治的な意図があったと考えられる。さらに、民主党とオバマ大統領が地球温暖化対策に積極的で、オバマ大統領の任期中にパリ協定発効というレガシーを残したい、との政権末期特有の意向もあったと考えられる。

　アメリカが地球温暖化対策の国際的な議論に積極的になり、パリ協定に早々と批准したことは、世界の温室効果ガスの排出抑制に向けて極めて重要

なことだ。しかし、今後については懸念も残る。オバマ大統領は今回の批准について議会の同意を経なかったとされる。大統領権限で批准できるとの判断があったからだが、裏返すと、議会に諮った場合には容易に同意されない可能性があったと見ることもできる。

▶ アメリカの排出削減のレベル

　アメリカの批准についてもう1つ懸念されるのは、温室効果ガス排出量の削減レベルである。パリ協定の正式なコミットメントが決まるのはこれからだが、2015年末の段階でアメリカが示している温室効果ガス削減の目標は、2025年までに2005年対比で26～28%削減するというものだ。しかし、アメリカの国民1人当たりの温室効果ガス排出量は日本より5割以上多いから、この目標を達成したとしても、現状の日本より2,3割多いレベルに留まることになる。

　国民1人当たりで見れば、当分の間アメリカは世界最大のエネルギー消費国であり続けるだろうが、日本と同じようにオイルショック以来、省エネのための法制度の整備は続けている（**図1-1**）。また、広い国土を活かして風力発電やバイオ燃料など再エネの導入規模も大きい。これに加えて、アメリカのエネルギー消費を押し上げてきた2つの大きな要因が改善されようとしている。

　1つは、自動車のエネルギー効率の改善である。日本の自動車メーカーがアメリカで競争力を高めてきた1つの理由は、自動車の燃費改善に関するアメリカの政策だ。その先頭を走るカリフォルニア州はZEV（Zero Emission Vehicle）規制を強化し、HVからEV、PHVへのシフトを強めようとしている。ハイブリッドカーではトヨタの後塵を拝したアメリカだが、EVではテスラモーターが先行し、他のメーカーも力を入れているため産業界の合意も得やすい。

　もう1つは、電力の環境性改善だ。現状でも、アメリカの電力は概ね3分の1を石炭火力に頼っている。仮にその半分程度を天然ガスに変えると、火力発電起源の二酸化炭素排出量を2割程度減らすことができる。そのための資源は言うまでもなくシェールガスだ。すでに、アメリカにはシェールガスに関わる事業者が数多く生まれており、ガス転換に大きな反対は受けない。

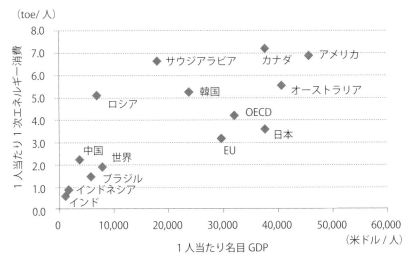

図1-1 各国の1人当たりエネルギー消費量（2013年）

ただし石炭産地の声もあるので、一定量の石炭火力は残る。

こうした施策により、アメリカが2015年末に示した温室効果ガスの排出削減の目標は、すでに国内で合意されている対策を積み上げることで概ね達成できると考えられる。オバマ大統領が議会の合意なしにパリ協定を批准した背景には、2015年末に示した目標を背景に協定に批准しても、新たな法案を議会に諮る必要がないとの見込みを持っていたからだろう。

▶ 再燃する目標設定の議論

アメリカがパリ協定に参加したことは画期的だが、上述した批准の裏にある経緯はパリ協定の行方に難しい問題を提起する。協定に批准した以上、アメリカは大国として国際議論の場で大きな発言力を持つことになるだろうが、国内では2015年末に示した以上の高い目標が合意されるかどうかはわからない。しかも、その目標を達成したときの温室効果ガスの排出量が、1人当たりの排出量で見た場合、パリ協定以前の日本やドイツのレベルに大きく後れをとる。2015年に示した目標を超えるには、石炭産業を圧迫する、

カリフォルニアのようなエコカー政策を全米に広げる、電気料金を上げてでも再生可能エネルギーの導入量を増やす、コスト負担を課してでも省エネの基準を上げるなど、経済活動や国民生活に負担を与える政策を講じなくてはならない。

　エコカーの世界では、カリフォルニアがZEV規制を強化し、テスラがEVで突っ走るなど環境保全の取り組みに熱心なように見えるアメリカだが、連邦制のアメリカは州によって政策方針も価値感も全く異なる。EVで先行する半面、日本をはるかに上回る数の自動車を保有し、ピックアップトラックをはじめとする大型車の人気が根強いアメリカで、自動車による環境負荷が日本を下回る時代はイメージできない。

　京都議定書が基準年対比で温室効果ガスを削減するという相対的な目標を掲げたのに対し、パリ協定では世界の平均気温の上昇を2℃以内に抑える、という絶対的な目標に変えたことに意義があると述べた。その上でこうしたアメリカの状況を見ると、世界の目標と各国の目標の間にある種の矛盾が潜んでいることに気づく。世界が絶対的な基準を目標としているのに対して、国レベルでは相変わらず特定の年度を基準とした目標を設定していることである。

　前述したように、京都議定書の合意からパリ協定までの20年の間、地球温暖化に対する世界の危機感は高まった。アメリカと日本やドイツとでは、京都議定書の目標に向けて温室効果ガスの削減に努力した国と国際的な目標がなかった国の違いがある。そうした違いを認めることがパリ協定の大前提だが、温暖化の被害が顕著になって、地球温暖化に対する危機感が高まってくると、目標設定のあり方に関する議論が再燃する可能性がある。どの国もパリ協定の目指すゴールから逆算した目標を設定すべき、という議論である。そのとき、超大国アメリカがどのような態度を取るかが見えていない。

▶ パリ協定を批准した中国の事情

　中国の参加は、温室効果ガスの実質的な削減効果という点では、アメリカの参加よりも意義がある。中国の温室効果ガスは世界の総排出量の3割近くに達し、今後もしばらくは伸び続けるからだ。

　中国はアメリカとともに、2016年9月3日にパリ協定の批准を表明した。

中国が日本などに先んじてパリ協定を批准した背景には、いくつかの理由がある。

　1つ目は、中国の国際的なプレゼンスを向上するためだ。経済規模で日本を抜き世界第2位の大国となってから、経済のみならず政治面でも中国の国際的な地位が高まっている。その分、責任ある姿勢も求められるようになり、2009年のCOP15では、「共通だが区別のある責任」という表現を使い、温室効果ガスの削減に前向きに取り組む姿勢を示した。今回、アメリカとともにパリ協定の批准を表明したのは、中国が国際的な責任を果たす国であり、アメリカと並ぶ大国であることを示すためと言える。

　2つ目は、国民の環境面の要請に応えるためである。急激な経済成長は中国国内に深刻な環境問題を引き起こした。主要河川の多くは汚染され、廃棄物問題や土壌汚染も顕在化している。最近、他国と1ケタ違うPM2.5の指標が国際的に有名になっているように、大気汚染も深刻だ。健康面での被害も発生していると言われ、国民の環境改善の要請に応えることが重要な政策課題となっている。有害物質による汚染と直接の関係はないが、地球温暖化問題に真摯に取り組む姿勢は環境面での国民に対するアピールになる。

　3つ目は、産業構造の転換である。深刻な環境汚染の原因の1つは重厚長大産業に偏り、資源を多消費する中国の産業構造にある。こうした産業構造はいくつかの観点から持続可能とは言えない。まずは上述した環境問題だが、資源面の制約もある。重厚長大産業中心の構造のまま中国が6％以上の経済成長を維持しようとすれば、大量の資源を海外から輸入し続けなければならず、政治的・経済的負担が大きい。国際市場からの大量の資源調達は国際的な需給バランスにも悪影響を与える。経済成長面でも問題がある。分野によっては、中国の生産コストはすでにアメリカの9割に達しているとされる。今後も国民の所得は上がり続け、長期的に見れば人民元レートも右肩上がりにあると考えるべきだから、中国が経済成長を続けるためにはより付加価値の高い産業への転換が不可欠になる。

　以上は政府だけでなく、国民や企業の多くが合意するところだ。パリ協定への批准とその趣旨に沿った温室効果ガス削減の持続的な取り組みについては、中国の方がアメリカより国内の合意を形成しやすい環境にある。

▶ 政策に担保された温室効果ガス削減策

　中国では、前第12次5カ年計画から経済発展モデルの転換が謳われている。2016年3月に採択された第13次5カ年計画ではこうした流れが強められ、労働集約、資源多消費型の産業から付加価値の高い産業への転換が明示された。同計画には、温室効果ガスの削減に関係する多くの指標が導入されている。

　中国は2015年6月に、2030年までにGDP当たりの温室効果ガス排出量を2005年対比で60〜65%削減し、2030年前後に温室効果ガスの排出量をピークアウトさせることを示した文書を国連気候変動枠組条約事務局に提出した。目標を実現するための政策は、すでに第13次5カ年計画に盛り込まれていると考えていい（**表1-3**）。その範囲は、再生可能エネルギーや天然ガスコジェネレーション・排出権取引制度の導入、建築物の省エネ化、自動車の燃費改善やグリーン化、温室効果の高い特定化学物質の排出抑制など多岐にわたる。すでに、これらに関わる指標を達成するために多くの施策が講じられている。

　2015年段階で既存の政策に担保された目標を提示した、という意味ではアメリカと同じだが、異なる面もある。アメリカが国内に国際的な温室効果ガス削減の取り組みに懐疑的な勢力を抱えるのに対して、前述した観点から、中国では温室効果ガスの排出の低い産業への転換や環境改善に関する政策的・国民的な合意が明確だ。温室効果ガスの削減については、政府機関、地方政府、企業、一般市民など、誰に聞いても前向きな姿勢で一致している。次の第14次5カ年計画でも、環境改善や産業構造の付加価値化といった方向が踏襲されることは間違いない。

　一方で、中国がGDP当たりの温室効果ガス排出量を2005年対比で60〜65%削減しても、日本の現状の排出レベルに及ばないという点も、アメリカと共通している（中国は総量、アメリカは国民1人当たりの排出量）。60〜65%という削減幅は決して少ないものではないが、これまで講じた施策の積み上げという政策的に無理のない目標でもある。

　中国では生活の質の向上が国民の支持を維持するための必須条件であり、経済成長はそのための不可欠の政策目標だ。中国政府は海外から見るよりは

表1-3　中国の温室効果ガス削減の取り組み

主な項目	内容
排出権取引制度	2017年に全国レベルの取引制度を創設（深圳、北京、天津、上海、重慶、湖北省で先行）
石炭消費比率の低減	2020年に石炭消費比率を現状の62%以内に
天然ガス消費比率の引き上げ	2020年に1次エネルギー消費に占める天然ガス比率を10%以上に
原子力発電開発	2020年に原子力発電所の設備容量を5,800万kW、建設中を3,000万kWに
再生可能エネルギー	2020年に1次エネルギーに占める再エネの比率を15%に
電気自動車	2020年に電気自動車の保有台数を500万台に
電力自由化	送配電分離、小売自由化の方向性を明示

出典：関連計画から抜粋

るかに強く、国民の支持を気にしている。国民が環境改善に強い期待を持っていることは間違いないが、PM2.5のような目に見える環境汚染の修復に比べると、温室効果ガスの削減は国民の生活実感に必ずしも直結しない。経済成長の過度の重荷となり、ドイツのように電気料金が高騰するなど、国民の負担が顕著になる温室効果ガス排出量削減の政策を支持する素地が中国国内にあるようには思えない。政府にしても、国民の生活レベルの向上、「アメリカと並ぶ2大国」としての地位の確保という重要な政策目標を達成するための基盤である経済成長を犠牲にして、温室効果ガスの削減に取り組むことはないだろう。国民に先進国主導のルールを受け入れたと映るような事態も避けるはずだ。

　中国の5カ年計画は今後も中国の意志によって決まっていく。

▶ 先進国と途上国間の壁

　アメリカと中国の参加と並んで、国際的な温室効果ガス削減の議論で常に大きなハードルであったのが、先進国と途上国の対立だ。途上国および新興国は、先進国と同じテーブルで温室効果ガスの排出を抑制する義務を負うこ

とに抵抗してきた。地球温暖化は先進国の産業活動が原因であり、温暖化対策は先進国が責任を持つべきとの考えからだ。現在までの温室効果ガス排出量と温暖化の経緯を見れば、間違いのない意見だ。しかし今後、温室効果ガスの排出量が顕著に増加するのは途上国と新興国だから、彼らを含めない協定は効果が薄れる。

　立場の全く異なる意見の違いを埋める唯一の手段は、先進国が途上国と新興国の温室効果ガスの排出削減に伴う費用を負担することだ。この点についても、先進国は例外なく環境への負荷を顧みずに今日の経済基盤を築いた歴史、つまり、限られた地球環境の恩恵を先取りしてきた歴史があるのだから当然の理屈だ。

　途上国と新興国の主張にはこうした潜在的なコンセンサスがあるから、これまでも先進国は途上国と新興国に多額の支援を行ってきた。彼らから見れば、その額が十分でなかったということなのだろう。パリ協定では、巨額の規模の資金支援が具体的な形で約束された。先進国は2025年まで、毎年官民合わせて1,000億ドルの資金を投じ、2025年までに1,000億ドルを下限とする新たな目標を設定することとなった。

　こうして中国、アメリカ、新興国、途上国の参加を得て、1992年に先進国間で地球温暖化枠組み条約が締結されてから実に四半世紀、パリ協定は歴史的な規模で走り出すことになった。京都議定書では、温室効果ガス排出量の世界シェアが55％を超える参加国を獲得するのに苦労した。アメリカが離脱した後は、ロシアの参加をもってようやく目標をクリアすることができた。これに対して、パリ協定の批准は順調そのものだ。2016年9月にアメリカと中国が批准を表明すると、インドがこれに続いた。さらに、EUは個別の国ではなくEU全体として批准を表明するという離れ業で追随し、世界の温室効果ガス排出削減をリードしてきた意地を示した。自主性と柔軟さを重視したため今後の行方に懸念はあるが、パリ協定が京都議定書を超える成果を上げることは間違いないだろう。

2 変わる再エネ市場のパワーバランス

▶ 影響力が低下する欧州

　これまで、世界の地球温暖化に関わる議論をリードしてきたのは欧州だ。京都議定書や取引の枠組みをリードしてきたのも欧州だし、固定価格買取制度による再生可能エネルギー導入の先端を走ってきたのも欧州だ。ドイツの再生可能エネルギーの導入量は、大国の中で突出しているし、風力発電や太陽光発電の産業も欧州がリードしてきた。しかし皮肉にも、欧州の中心パリで締結されたパリ協定は、地球温暖化の議論で欧州の影響力が低下する契機となるだろう。

　京都議定書が締結された20年前と比べると、欧州の経済的な影響力の低下は顕著だ。いまだ世界経済の約20％を占め、アメリカに次ぐ経済規模を有しているものの、京都議定書の頃には遠く及ばなかった中国の足音が聞こえてきた。経済力が低下すれば、温室効果ガス削減の仕組みに関する発言力も、途上国や新興国への影響力も低下する。一方で、中国やインドをはじめ、南アジア・東アジア諸国などは経済力を確実に増し、発言力を高めていく。

　欧州企業が再エネ市場をリードしてきたことも、地球温暖化問題における欧州の影響力を強めてきた。しかし、かつて世界のトップの地位にあった太陽光発電産業は中国勢に大きく後れを取るようになった。本書で述べるように、風力発電産業も同じ道をたどる可能性がある。欧州がリードしてきた排出権取引市場についても、中国やアメリカが世界をリードする可能性がある。中国は、天津や深圳で試行した排出権取引市場を全国に拡大しようとしている。市場の地位は取引規模に左右されるから、温室効果ガス排出量の大きな国の影響力が高まるのは避けられない。

　政治的な影響力も低下している。もともとアメリカやロシアなどの大国に対抗するために組成されたEUだが、ここのところ綻びが顕著だ。影響力の

拡大を目指して参加国を拡大したことが裏目に出ている。経済・文化面での違いの大きさが、EUの結束に亀裂を生じさせているのだ。ギリシャの経済危機はEUの南北問題を顕在化させた。今後、ギリシャより経済規模の大きな国が危機に陥る可能性も否定できない。難民問題も解決の糸口が見えてこない。EUの継続性について懸念を訴える声が出始めている。

▶ イギリス離脱も影響

　そうした声が顕在化したのがイギリスの離脱と言える。今のところ深刻な影響は出ていないが、イギリスの政策判断は世界のパワーバランスに影響を与える。近年、経済力を増した中国に対するEU諸国の目参ぶりに驚く日本人は少なくない。現在は、政経分離の姿勢で付き合っているが、EUの経済的な地位がますます低下し、中国が一層力を増せば、EU諸国の中国への迎合ぶりが明らかになっていくかもしれない。

　一方、イギリスの離脱に関する情報を見ていると、経済や難民問題以外にもEU離脱を支持した声があることがわかる。官僚的で教条主義的とも言われるEUの運営だ。日本から見ていても、EUの目指す方向は参加国の自由度を制限している面があるように見える。EU主導で作られた京都議定書の枠組みに、こうしたEUの姿勢を感じた日本人もいた。

　これまでの地球温暖化の国際的な議論をリードしてきたEUをリスペクトする国は多く、EUにはこの分野の有識者や政治家も多い。また、幾多の歴史的な問題を乗り越えてきたEU諸国は、自らの影響力の低下を防ぐための有効な策を講じるだろう。パリ協定自体もそうした政策姿勢の1つと言える。しかし、世界情勢を見れば、EUの政治・経済面での地位の低下と地球温暖化の議論における影響力の低下は否定しようがない。地球温暖化の国際的な議論を進展させるためには、それを補完するための新たなパワーバランスが必要になる。

▶ 国内志向に転換するアメリカ

　温室効果ガス排出量で世界第1位、第2位の中国とアメリカがパリ協定に参加したことの意義は大きい。しかし、前述したように、その内容や政治情勢を見ると懸念も少なくない。筆者は中国よりもアメリカの政策姿勢に、よ

り多くの懸念を覚える。アメリカのパリ協定批准の背景にあるのは、オバマ大統領のレガシー政策と従前の政策の積み上げの範囲内でのコミットメントであるからだ。

　日本や欧州主要国に比べてアメリカの1人当たり温室効果ガス排出量は大きいから、パリ協定の約束に従って5年ごとに温室効果ガス削減の取り組み状況を評価し合えば、「アメリカは温室効果ガスの削減にさらなる努力を重ねるべき」との声が出てくるだろう。しかしアメリカには、経済的な負担が増える温室効果ガス削減量の積み増しの政策を進めるための、政策的コンセンサスがあるようには見えない。

▶ トランプ政権の行方

　ドナルド・トランプ新大統領は就任前からパリ協定については、離脱を含めた厳しい姿勢を示していた。政権の人事にもそうした姿勢が反映されている。

　政権の中心、国務長官にはレックス・ティラーソン氏が就任した。ティラーソン氏はテキサス州に生まれ、政権入り前までテキサス州に本社を置くエクソンモービルのCEOを務めた、典型的な南部エネルギー業界の企業家である。指名承認公聴会では地球温暖化の存在を認めており、化石燃料一辺倒ではないがビジネス指向であることは間違いない。エネルギー省長官に就任したリック・ペリー氏は、テキサス州知事時代にシェールブームを牽引し、雇用を創出した経済的実績を買われた。環境保護局（EPA）長官に指名されたスコット・プリュット氏は、石油・天然ガスの産地であるオクラホマ州の司法長官を務め、資源採掘・炭鉱採掘の規制を緩和すると見られる。

　トランプ大統領自身もオバマ政権の温室効果ガス削減策である「気候行動計画」の破棄を表明した。まるで、オバマ政権が作った環境国家への路線を完全に転換しようとしているかのようだ。こうした事態を予期していたのか、2016年11月にモロッコのマケラシュで行われたCOP22で、ケリー前国務長官は「地球温暖化対策の後退はあり得ない」と発言した。

　トランプ政権により、アメリカは温室効果ガス削減の動きから脱退するのだろうか。筆者はそうは思わない。GEの再エネ事業やテスラモーターなど、アメリカには世界を代表する低炭素関連企業・事業があり、大きな雇用

を抱えている。アメリカの温室効果ガス政策が他国に著しく劣後するようなことがあれば、こうした企業・事業の国際競争力にも影響が出る。

　低炭素型の産業が政策の影響を大きく受けることはアメリカでも変わらない。トランプ政権が重視するのは、化石燃料の自由度を確保することだ。シェールガスの利用を拡大することは環境改善に資する面もあるから、環境政策と必ずしも矛盾するとは言えない。

▶ トランプ発言の裏を読む

　発言が過激なこともあり、オバマ政権時代の政策や方針の大幅な転換がトランプ大統領の考えによるものと捉えられがちだが、必ずしもそうとは言えない。共和党はもともと地球温暖化抑制のための政策に前向きではなかったし、アメリカはカリフォルニアなどを中心とするリベラル派と中部、南部などの伝統的産業を抱える地域との間で主義主張の隔たりがある。平均的なアメリカ像から見れば、オバマ政権がリベラル派に寄り過ぎていたとの解釈もできる。

　日本にいると、カリフォルニアや東部のようなリベラル派の多い地域の情報ばかりが入ってくる。しかし、グローバル化の恩恵を多く受け、金融業などのシェアが高い、こうした地域がアメリカのマジョリティという訳ではない。それ以外の地域に多く立地する石油、天然ガス、石炭、自動車などの業界は、依然としてアメリカ国内で強い発言力を持っている。トランプ氏が大統領にならなくても、共和党が政権を握れば、オバマ政権時代の方針は多かれ少なかれ見直されていたはずだ。

　温室効果ガスの排出総量では中国に抜かれ世界第2位になったとはいえ、国民1人当たりの排出量では、アメリカはいまだ圧倒的な第1位だ。中国の2倍、日本やドイツより5割以上多いレベルである。エネルギーをふんだんに使った経済活動と生活はアメリカの豊かさの基盤であり、これを他国と同じレベルに低減すれば、国民生活と経済活動は大きな影響を受ける。大量のエネルギー消費はアメリカの経済・生活を支えている。ドイツのように国民負担を顧みず、低炭素化に走れば、生活に支障を来す国民や経営に影響が出る企業の数ははるかに多くなる。自由と自主に対するこだわりの強い国民性、政治構造を持つアメリカで、そうしたリスクのある合意を受け入れるの

は容易ではない。

　パリ協定の規定では、協定後3年間は脱退の通告ができず、脱退は通告から1年後とされる。言い換えると、オバマ政権のレガシー政策により批准されたパリ協定は、地球温暖化の国際的な枠組みに消極的な政権が誕生したときに、離脱されるリスクを抱えていたことになる。トランプ氏が大統領になったからアメリカが変わるのではなく、オバマ政権で覆われていたアメリカの実態が曝け出されるという見方もできるのだ。程度の差はあれ、アメリカが世界との協調路線から国内指向路線へと軌道を修正していくことは残念ながら間違いない。温室効果ガスの削減についても、他国の圧力によって経済や国民生活が負担を負う政策を受け入れることはなくなる。アメリカについても、「アメリカの方向性を決められるのはアメリカだけ」という現実が見えて来る。

▶ 温室効果ガス削減に一枚岩の中国

　各国の自主性を重視したパリ協定で期待されるのは、企業の自主的な環境行動のような国としての環境行動である。しかし、企業の環境行動で成果を上げた自主的なメカニズムが国家間の取り組みで同じような成果を上げるとは言えない。企業の環境行動に善意による面があることは否定しないが、市場からの評価が後押ししていることは間違いない。市場からの評価なしに企業がコストのかかる環境行動に取り組むことはない、と言う人もいる。国の温室効果ガス削減の取り組みでは、市場からの評価があまり期待できない。国に対して他国民からの評価が与える影響は、企業が市場から受ける影響ほど大きくない。逆に期待できるのは、国家間の牽制力だ。

　前述したように、中国政府が温室効果ガスの排出抑制の政策に力を入れていくことは間違いない。それが、国民の支持を得て、国際的な地位の向上に資し、産業構造の転換に効果がるのだから力を入れない理由がない。中国政府にはそのための十分な資金力もある。例えば、中国政府はEV（電気自動車）の普及に大盤振る舞いの政策を展開した結果、2020年頃には中国は世界のEVの半分程度のシェアを占めることが見込まれている。

　風力発電、太陽光発電についてはすでにEVのような育成期間は終わり、中国企業は国際的な競争力を持った。インフラを低炭素化すればコストが嵩

む面もあるが、エネルギー効率の向上で相殺できる面もあるし、政府は世界中から資源を確保する負担を軽減することができる。その上に、風力発電や太陽光発電、さらにはEVで世界的な企業が輩出するのだから、政策サイドかも国民から一層の支持を得ることは可能だ。

▶ 台頭する中国

　アメリカが温室効果ガスの排出抑制のための政策の上積みに躊躇していると、パリ協定は中国にとって絶好のアピールの場となる。アメリカの保守的な姿勢の傍らで中国が積極的な姿勢を示せば、国際社会のリーダーとしての地位を相対的に高めることができる。他の新興国や途上国への経済支援を強化すれば、中国支持者を増やすことも容易になる。日本では台湾や香港の問題、強引な海外展開による摩擦など、中国に関するネガティブな情報ばかりが報道されるが、一帯一路政策などによる中国の周辺国巻き込み戦略は成果を上げている。

　最も懸念されるのは、アメリカがパリ協定を離脱できる4年後、各国が目標の見直しを行う5年後だ。トランプ政権が続いていれば、離脱が現実化する可能性もある。そうなれば、アメリカは世界が参加する温室効果ガスの協働体制を揺るがした"わがまま大国"と指摘され、国際的な評価を下げることになる。そうした国際的な影響を懸念して離脱に踏み止まったとしても、共和党政権が続いている限り、温室効果ガス排出抑制の政策を積み増すことは容易ではないだろう。

　5年後の目標見直しの国際会議の場で、中国が自信を持って前向きな政策をアピールする傍ら、アメリカが自国経済優先の政策を説明するシーンが容易に想像できる。そのとき、アメリカの内向きな姿勢をどこの国が正すか。5年後、EUが混乱からを回復し、国際的な発言力を維持していることはあまり期待できない。むしろ、中国をはじめする他国市場への依存度を高め、ドイツと他国の足並みが揃っていない可能性が高く見える。

　アメリカと中国という2大国の参加は、温室効果ガスの削減政策にとって両刃の剣であるだけでなく、世界のパワーバランスにとって新たなリスクにつながる可能性もある。

3 どうなる？日本の対応

▶ 容易でない再エネの積み増し

　歴史的な協定が締結されたことで、世界中で地球温暖化対策に関する熱心な議論が始まっている。日本国内にいると、今ひとつ議論の盛り上がりを感じられないが、政策的な対応は確実に始まっている。

　パリ協定の合意に先立ち、日本は2030年に向けたエネルギーミックスと温室効果ガスの削減目標を発表している（図1-2）。パリ協定に向けて2017年春までに地球温暖化対策計画を策定するとされているが、2015年に公表された計画がベースになるだろう。

　このエネルギーミックスでは、大規模水力を含めた再エネのシェアが22〜24％とされているが、大規模水力が9％を占めることを考えると、風力や

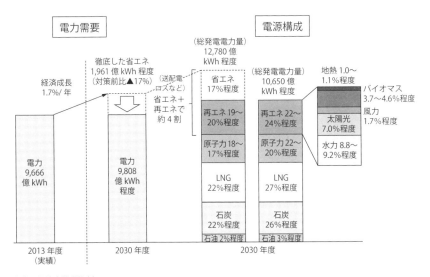

図1-2　2030年のエネルギーミックス

表1-4 再エネ導入量

再エネの種類	2012年6月末までの導入量（万kW）	認定容量 （2017年1月）（万kW）
太陽光（住宅）	約470	507
太陽光（非住宅）	約90	7,554
風　力	約260	305
地　熱	約50	79
中小水力	約960	8
バイオマス	約230	405
合　計	約2,060	8,858

出典：経済産業省などの資料から筆者作成

　太陽光発電などのシェアは14%程度に過ぎない。2013年と比べて10%程度の拡大だ。海外の再エネ導入目標と比べると控え目に見えるが、達成するのは容易なことではない。

　固定価格買取制度後のメガソーラーバブルで、太陽光発電の認定容量は2016年時点で約8000万kWに達しているが、そのうちの半分が稼働率15%で発電したとしても総発電量の5%に留まる。メガソーラーバブルの批判を受けたため、太陽光の積み増しは限定的になるから、風力やバイオマスをどれだけ伸ばせるかが問われる。世界的に再エネの中心となっている風力発電については、固定価格買取制度の導入後も認定量は200万kW程度に過ぎない。バイオエネルギーは、大型の木質バイオマス発電や輸入バイオマスに頼ったバイオマス発電などが進められているものの、エネルギーミックスに影響を与えるような規模にはなっていない。

　日本が再エネ導入で苦しいのは、第2章で述べる再エネ大国のような切り札がないことだ（**表1-4**）。EUやアメリカの再エネ導入を支えているのは大規模なウィンドファームだ。発電機の容量は3MWにも及び、100MW級のファームが当たり前になっている。出成りの発電コストはすでに火力発電と比肩している。送電網内の調整コストを除けば、再エネ導入の経済的な負担

はなくなっている。日本の風力発電の経済性がこのレベルになる可能性はない。太陽光発電にしても、熱帯・亜熱帯圏の国ほどの効率が期待できない。バイオエネルギーも、ブラジルの砂糖やアメリカの穀物栽培のような巨大なバイオマス排出源がない。日本は、再エネ導入＝経済負担という軛（くびき）から解放されそうもない。

▶ 困難極める原子力発電の目標達成

　原子力発電のシェアは20～22％とされているが、実現に黄色信号が点っている。エネルギーミックスの目標を達成するためには、福島県内に立地する、直下に活断層がある、など再稼働が難しい原子力発電所、完成から40年以上経ち発電規模が小さく稼働期間延長のコストをかけると経済性がない原子力発電所を除く、ほとんどの原子力発電所を稼働させなくてはならない。

　経済性のある原子力発電所については、40年から20年延長の認可を得ることもできる。2013年夏に九州電力川内原子力発電所が1,2号機が再稼働して以来、関西電力高浜原子力発電所1,2,3,4号機、美浜原子力発電所3号機、大飯原子力発電所3,4号機、四国電力伊方原子力発電所3号機、九州電力玄海原子力発電所3,4号機が原子力規制委員会の審査を通過した。この中には、原子力規制委員会が設立された頃、限定的とされていた稼働開始から40年を経た原子力発電所も含まれる。

　筆者が「電力大再編」（日刊工業新聞社刊）で予想した通り、原子力規制委員会の審査は川内原発以降、遅々としつつも着実に進んでいる。しかし、審査通過後、稼働後も原子力発電所の稼働は地裁への提訴、知事による停止要請、住民による再稼働反対など様々な逆風に晒されている。こうした風潮が続くと、原子力発電の収益性を見直さざるを得なくなる。すでに安全対策や廃炉対策などで、原子力発電のコストは以前より5割程度増している。その上で、前述した稼働後の不安定さを考えると、期待収益はかなり低下するはずだ。

　今のような状況が続けば、電力自由化で発電事業者同士の競争が厳しくなり、東日本大震災以降の電力需要の減退が顕著となる中、原子力発電への投資意欲は大きく低下することになる。その影響は、まず完成から40年を超

えた老朽原発の稼働延長に出てくる。期待収益が低下すれば、20年程度の延長のために多額の対策費を払うことが割に合わなくなるからだ。これまでは追加投資を行っていた100万kW級の原子力発電の延長についても、断念する電力会社が出てくる可能性がある。

一方で、電力会社が再稼働に苦労している間にも、原子力発電所は年々老朽化する。すでに原子力規制委員会が設立されてから数えても5年が経つ。20年延長が電力会社にとって割に合わなくなれば、原子力発電所の潜在容量は減り続ける。それを補完するためにはリプレースが必要だが、政治・行政・電力会社のいずれもがリプレースを言及できる状況にはない。

原子力発電所を取り巻く状況を考えると、近い将来、2030年のエネルギーミックスで示された原子力発電のシェアを引き下げざるを得なくなる可能性がある。それでも原子力発電のシェアを維持しようとするなら、原子力発電の再稼働に関する地域合意の仕組みを再構築し、投資や財務的な扱いのインセンティブ策を講じなければならない。

原子力発電のシェアを見直し、他の電源で賄うのであるなら、再エネか火力発電を拡大するしかない。再エネを中心とする場合、前述した日本の再エネの状況を考えると、経済的な負担が相当に大きくなるだろう。一方で火力を中心とするなら、パリ協定の枠組みの中で他国の理解をにどのように得るかに苦慮することになる。いずれにしても、一基100万kWの発電能力を持つ原子力発電を代替するには、あらゆる方策を講じなくてはならなくなる。

▶ 頼りは省エネ

温室効果ガスの削減のために、再エネと同様に頼りにされているのが省エネルギーだ。2030年の目標達成に向け、現状では2013年対比17%の省エネ（1.7%経済成長を前提）が織り込まれている。今回の計画で省エネの中心となるのは業務部門と家庭部門だ。温室効果ガスの削減量で見ると、産業部門の目標が7%程度に過ぎないのに対して、業務部門と家庭部門の削減目標は40%程度にも達する。

「乾いた雑巾を絞り続ける」と言われるように、日本の産業界は世界最高の省エネ努力を重ねてきた。これに対して、業務部門と家庭部門は2005年対比で温室効果ガスの排出量が増えている。家電の省エネは進んでいるが、

世帯数の増加や家電の種類とサイズの拡大などで、エネルギー消費が増加したからだ。今回、業務部門と家庭部門に大幅な省エネ目標を設定したのは、エネルギー需要を押し上げた要因が一段落してきたところで、ハードウェアおよびソフトウェアの技術を駆使してエネルギー消費を削減しようという目論見がある。

　実際、業務・家庭部門の政策を見ると革新技術のオンパレードだ。業務・家庭部門の主要なエネルギー需要である照明のエネルギー消費がLED化で削減していくから、計画の成否は空調需要をどう抑えるかにかかっている。建物の躯体、設備あるいは制御システムの技術革新は続くが、気温上昇で空調需要が増すという逆風もある。そこで、燃料電池や高効率ガスエンジンを使ったコジェネレーションにも期待が高まる。省エネ投資は企業や国民が負担するのが一般的だ。補助金や税制優遇などの支援策を講じながらも、市場メカニズムを上手く使えるかどうかが問われる。

▶ 容易でないパリ対応

　こうして見ると、すでに公表されている2030年に向けた温室効果ガスの削減目標からの積み増しは、容易なことではないことがわかる。日本には2050年に向け、2005年対比で温室効果ガスを80%削減するという目標もある。同目標達成の方策を見ると、2030年に向けた既存の目標からの積み増しには、技術革新や省エネだけでなく、社会構造や生活スタイルの転換も必要になりかねないことが窺える。こうした方策を政策として実行しようとすれば、住む場所や住宅の形態、移動の手段なども拘束されようになる。その姿は、さながら環境社会主義のようだ。地球温暖化対策で、企業や国民にイデオロギーの転換を求めるような政策を実行するのは難しい。

　パリ協定の下での温室効果ガス削減目標の積み上げで、日本が頼りにできるのは2国間クレジットだ。公表されている2030年に向けた削減目標では2国間クレジットが盛り込まれていないが、前述したようにパリ協定では2国間クレジットもカウントできる可能性があるからだ。同じだけの資金を投じるのであれば、日本より新興国・途上国の方がはるかに効率的に温室効果ガスを削減できるから、国際的な取り組みとしては合理的だ。その間、日本の得意とする省エネ技術を着実に磨き上げ、それを海外に次々に展開するとい

う好循環ができれば、新興国・途上国に歓迎されるし、日本企業の競争力向上にも役立つ。日本の税金を使う以上、2国間クレジットと言えど、日本が恩恵を得られるような仕組みを考えたい。

▶ 問われる日本の姿勢

　アメリカが環境モンロー主義を取り、EUが発言力を落とし、中国の評価が高まったとき、日本がどのような姿勢を取るかが問われる。前述したように5年後、日本は温室効果ガスの削減プロセスで難しい状況に陥っている可能性がある。そこでアメリカに同調すれば、日本の評価を一層下げることになる。一方で、5年後に見直し強化を支持することは、アメリカと路線を分かつことになる可能性がある。また、日本の状況を考えると、急進派のドイツに同調することは自らの首を絞めることにつながる。

　5年後に日本に一番近い立場にあるのは中国かもしれない。第2章で述べるように、中国は温室効果ガスの削減率ではEUに及ばないものの、再エネの導入量などで一点突破してくる可能性がある。5年後の日本は原子力発電の復帰がままならないなどの理由で、自らが提示した温室効果ガスの削減目標すら達成が危ぶまれている可能性が少なくない。そこでアピールできるのは、エネルギー効率や先進技術などだろう。高い排出基準のコミットを避けて特定の取り組みをアピールするなら、構造は中国と類似している。

　パリ協定の枠組みに縛られることが苦しくなっても、アメリカの環境モンロー主義に同調したり、ポスト京都の枠組みに引導を渡したような振る舞いを繰り返すようなことはして欲しくない。資源のない日本にとって、化石燃料の消費量を減らす政策は長期的に必ずプラスになるはずだからだ。苦しい期間を乗り越え、毅然とした姿勢で国際交渉に臨んで欲しいものだ。

　2020年の東京オリンピックに向けて日本経済は堅調だが、2020年の先の明るい経済状況を語れる人は少ない。そのとき、地球温暖化の国際議論でも、日本は国としての矜持が問われる立場に置かれている可能性がある。

▶ 出遅れた日本

　日本はパリ協定発効後の2016年11月8日になって、ようやく同協定に批准した。EUは言うまでもなく、アメリカや中国、インドといった温室効果

ガスの排出大国にも遅れることとなった。決して、日本がサボっていた訳でなく、パリ協定批准に向けたアメリカと中国のスピードが予想をはるかに超えていたのだから仕方ない面もある。しかし、前述したように、アメリカは以前から中国をはじめとする諸国に働きかけていたこと、オバマ政権が最終年度に環境分野でもレガシーとなる金字塔を建てるであろうことは、感知し得たはずだ。

 アメリカと中国が批准してから2カ月という期間での批准は、日本のスピード感として褒められていいのかもしれない。しかし、国際情勢へのアンテナを高くし、時代を先取りし、先行して動き、その後の国際的な議論で有利なポジションを獲得するという戦略的な動きは、パリ協定でも成し得なかった。京都議定書で日本の意向が十分に反映されなかった経験を活かすことができなかったことになる。

 COP22と並行してパリ協定批准国による締結国会議CMA1が開催された。そこでは、各国の温室効果ガス排出目標の検証方法、目標の引き上げ手法、排出権取引、新興国・途上国への資金支援など重要な項目が議論された。日本としては、こうした場で、これまで力を入れてきた2国間クレジットが認められるべく主張したかったところだ。しかし、パリ協定に批准した国同士の議論の場であるため、会合には参加できるものの意思決定には参加できなかった。交渉に出遅れたことは否定できないが、COP22については、日本側が掲げた目標も概ね達成される形で終わることができた。

 EUとアメリカは、国際交渉では日本よりはるかにやり手だ。中国も相当な交渉巧者だ。そうした中で、日本が意見を通していくためには、したたかな戦略と強固な交渉体制が必要になる。パリ協定の議論は今後も続く。日本は効率的な産業活動や生活環境、国民の意識の高さ、優秀な行政機関など低炭素社会の構築に向けて世界に冠たる基盤を持っている。そのことに自信を持って、戦略と体制を立て直して、スタート段階での出遅れを取り戻して欲しい。

column 1

相変わらずエネルギー市場の見極めが下手な日本

　エネルギーおよび資源のほとんどを海外に頼る日本は近代化以降、資源確保に腐心してきた。にもかかわらず、世界のエネルギー政策の動向を正確に捉えるのがいまだに上手くない。欧米諸国が世界の資源を牛耳ってきた歴史があるので仕方ない面もあるが、半世紀くらいの視野で資源市場の動向を捉える眼を養わないといけない。化石燃料中心のエネルギーシステムから、非化石燃料が中核となるエネルギーシステムに転換する時代は、絶好のタイミングである。

　世界の地球温暖化対策の議論は、これまでEU中心で進んできた。環境問題に対するEUの高い意識が背景にあることは間違いないが、そもそもEUがエネルギー資源戦略のための協働体から始まっていることも関係している。エネルギーを軸にした国際戦略に対する危機感と蓄積が日本の比ではないのだ。だから、彼らの言うことには傾聴しなくてはならない面もあるのだが、真に受けるべきではない面もある。

　時代が京都議定書からパリ協定に移って、最も変わったのは、この辺りの国際感覚の重要性ではないか。京都議定書に比べて、国の死活問題とも言えるエネルギー資源の問題を、根底から考え直さなくてはならないからだ。パリ協定については、歴史観や政治力学をしっかりと学んでから、日本としてエネルギーをどうするかを議論するべきなのだろう。

第2章

再エネの行方を決める3大市場の動向

1 再エネ３大市場のインパクト

▶ 電力市場は３大市場が５割超

　EUを1つの市場として捉えると、世界の電力市場ではアメリカ、EU、中国の3大市場が圧倒的な存在感を持っている。2014年の年間電力需要は、アメリカが3.9兆kWh、EUが2.8兆kWh、中国が5.0兆kWhとそれぞれ世界全体の19%、13%、24%を占め、3大市場を合わせると57%に達する（図2-1）。それぞれ年間電力需要が約1兆kWhの日本市場の約3～6倍の規模を持ち、世界の電力市場の動向を左右していると言っていい。3大市場には規模の経済を背景に高い競争力を持ち、他市場へ進出しているグローバル企業も多い。彼らが取り入れる技術やシステムは世界の電力システムにも影響を与える。

　IEAの予測によれば、新興国や途上国が成長する2030年でも、年間電力需要はアメリカ約4.2兆kWh、EU約3.0兆kWh、中国は約7.8兆kWhとそれ

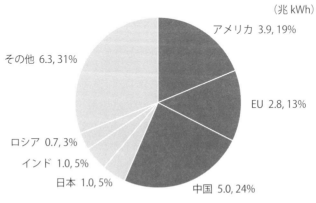

出典：IEA（国際エネルギー機関）World Energy Outlook

図2-1　主要市場の電力消費シェア（2014年）

ぞれ世界全体の14%、10%、27%を占め、3大市場を合わせると依然として世界全体の約51%に達する（図2-2）。今後も3大市場は世界の電力市場に強い影響力を維持し、そこでの政策、発電事業者、設備供給企業の動きは日本の電力市場にも影響を与える。

これまでの歴史を見ても、自由化で先行したアメリカ、EU統合を機にエネルギーについても統合市場を形成してきたEUが、世界の電力市場の道標となってきた。日本のエネルギー政策も、2大市場で作られた制度やシステムを学習し取り込んできた。日本企業との提携を図ってきた両市場のグローバル企業も多い。特に、市場制度については2大市場が今後も世界市場を牽引していくだろう。

一方、今後は3大市場の中で突出した成長力を持つ中国市場の影響力が高まる。2011年に中国市場の電力需要は4.7兆kWhとなり、アメリカを抜いて世界最大となった。成長する市場で力をつけた中国の電力会社、設備メーカーは東南アジア市場などへも進出している。

日本の政策や企業が2030年、2050年に向けたエネルギー市場を占うには、3大市場の政治・経済、制度の動き、産業構造、需要家意識、利用技術、エネルギー供給構造などを注視する必要がある。

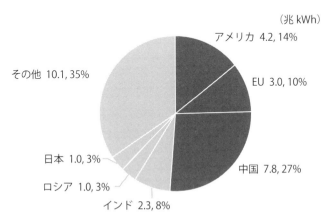

出典：IEA（国際エネルギー機関）World Energy Outlook

図2-2　主要市場の電力消費シェア（2030年）

▶ 3大市場で決まる再エネの方向性

再エネでは3大市場の存在感が一層大きくなる。水力発電を除いた再エネの発電量は、アメリカ3,171億kWh、EU6,008億kWh、中国2,772億kWhとなっており、それぞれ世界全体の20%、37%、17%を占め、合わせると世界全体の74%に達する（**図2-3**）。

再エネはアメリカ、EU、日本などの先進国で石油代替エネルギーとして研究・開発が始まった。日本はオイルショック後に通産省の「サンシャイン計画（太陽光発電の開発計画）」により、世界の再エネ市場をリードした時期もあった。発電コストが高く、安定しないため、各国で敬遠された再エネの普及に先鞭をつけた日本の功績は少なくない。

しかし、京都議定書の合意を経て地球温暖化への関心が高まると、EUは本格的な再エネ導入を始め、世界の再エネ市場のリーダー的な地位を手にする。現状では、世界の再エネ市場におけるEUのシェアは4割弱に達している。化石燃料を含めた電力市場全体での地位に比べると突出した地位だ。EUは、2030年に再エネのシェアを45%にするとの目標を掲げており、しばらくの間は再エネ市場の先導的役割を果たすことになろう。

一方で、再エネ市場での存在感を急速に高めているのが中国だ。膨大な電

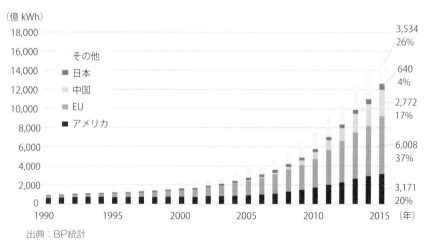

図2-3　世界の再エネ発電容量シェア（水力除く）

力需要と風況に恵まれた国土を豊富に抱え、風力の発電コストが大幅に低下したことが理由だ。中国の再エネ導入量は2005〜15年の間に40倍近く拡大した。2030年には、世界の再エネ発電における中国のシェアは3割程度に達すると予想され、圧倒的な存在感を持つようになる。

再エネは、政策により左右される要素が依然として大きい。石炭火力発電などに比べて発電コストが高く安定しないため、送電網がぜい弱で、高度経済成長の過程にある新興国・途上国ではいまだに敬遠される傾向にある。新興国・途上国グループの先端を走る東南アジアでも、需要の拡大に大型火力発電所の建設で対応するのが精一杯な現状だ。再エネ市場における3大市場のシェアが下がる見込みはない。

▶ 経済力と密接に関係する電力・再エネの将来

電力市場は国や地域の経済力と密接に連動する。電源の選別志向は産業や生活スタイルで決まり、再エネ導入状況や、受容されるコストは国や地域の経済力に依存するからである。

IMFの統計によれば、2015年時点の名目GDPは、アメリカ約18兆ドル、EU16兆ドル、中国11兆ドルとなり、それぞれ世界全体の24%、約22%、15%を占める。経済構造から見ても、3大市場が再エネ導入をリードする枠

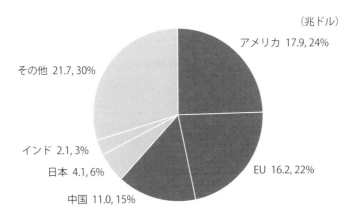

出典：IMF World Economic Outlook Databases

図2-4　主要市場のGDPシェア（2015年）

組みは変わらない（図2-4）。

　2030年においても、アメリカ、中国が名目GDPでそれぞれ25〜35兆ドル規模と世界の首位を争い、EUも10〜15兆ドル規模を維持すると予想される。ただし、2030年に向けて、アメリカは2〜3%の穏やかな成長、EUは1%程度の低成長に留まるのに対して、中国は6%前後の高成長を維持すると見込まれている。つまり、中国の存在感が高まり、EUの存在感が低下するのが今後再エネ市場のトレンドと言える。2030年に向けて3大市場は依然圧倒的な影響力を維持するものの、中身を見るとEU、アメリカ中心からアメリカ、中国中心へと変わっていく。

▶ 3大市場に食い込むインド

　2050年を見た場合、3大市場に対して存在感を大きく増す唯一の市場がインドだ。IEAの予測によると、インドの電力市場は、2030年段階では3大市場に及ばないものの、2040年頃にはEUを抜いて3大市場の一角を占めるようになる。経済規模は産業の発展と人口に依存するが、2015年時点でインドの人口は13億1,000万人と13億8,000万人の中国に肉薄し、73億人の世界人口の2割弱を占めている。また、電力需要と再エネ発電量では日本市場を上回っている。高いGDP成長率を背景に電力需要は伸び続けており、インド市場の存在感が増していくことは間違いない。

　石炭火力がインドの電力需要の伸びを支える重要な電源であることは今後も変わらないが、インドでも石炭火力には逆風が吹いている。インドでも、環境負荷を抑えながら旺盛な電力需要を満たすために、再エネへの期待が高まっている。風力発電への期待は大きく、西部の海岸線を中心に風力発電の増設が著しい。産業政策でも風力発電メーカーの育成が重要なテーマとなっている。すでに、風力発電メーカーのスズロンは世界のトップ10入りを窺う位置にある。国内の旺盛な電力需要を追い風に、世界の主要メーカーになることは間違いない。後述するように、今後は太陽光発電の伸びも期待される。

　このように、2030年に向けた十数年は電源ポートフォリオに加えて、電力市場および再エネ市場の勢力図が大きく転換する時期でもあるのだ。

2 先行指標となるEU市場

▶ 火力を中心とした自由化

　欧州は、EU統合に向けて、統一通貨ユーロの導入に続き、電力・ガス市場の統合を進めてきた。EU統合には、文化を共有し得る欧州が一体となって経済規模を確保することで米国、ソ連、日本などに対抗し、地盤沈下しつつある国際的な地位を高めたいという考えがあった。台頭するアジアなどの新興国に対抗する意図もある。電力・ガス市場の統合も、経済の効率性を上げて存在感を高めたいというEU統合の思想が底流にある。

　EU統合は欧州を単一市場とすることを基本理念としている。電力・ガス市場でも、どの国からでも電力が調達できるように、各国の個別事情を抑え、統一市場のための制度改革が進められてきた。制度改革に関するEU指令は、EU統合が進むにつれて勢いを増し、官僚主義との批判を浴びながらも、膨大な規約が策定され各国の電力政策に影響を与えてきた。

　まずは、物理的に域内で電力を自由に受送電できるように、国内の送電線の強化に加え、フランス、ドイツ、オランダ、ベルギーなど大陸国間の送電線、北欧諸国との連系線、イギリスとフランスの海峡をまたぐ連系線などの広域送電網が整備された。送電線の運用・管理についても、欧州送電事業者協調機関（ENTSO-e）が立ち上げられ、EUとしての広域送電網整備計画が策定されるようになった。EU内での自由かつ柔軟な電力のやり取りを実現するために、国を超えた枠組みで送電インフラを形成、運用するための政策が進められてきたのだ。

　一方で、統合された市場をより競争性のあるものにするため、英国がサッチャー政権時代に方針を策定し、1990年に開始した電力自由化政策がEU全域に広げられた。1996年に、「電力自由化の第1次EU指令」により欧州全域で全面自由化の幕が切られ、2003年、2009年の「電力自由化の第2次・第3次EU指令」では、欧州の電力会社の再編・統合が進められた。これ以降、

規模の経済を働かせ、発電コストを低下させることが電力会社がEU市場で生き残るための条件となった。

ドイツのRWEやエーオンは英国の国営会社から分離したイノジー、パワージェンを買収してイギリス進出を果たし、イタリアのエネルはスペインのエンデサに資本参加、スペインのイベルドローラはイギリスのスコティッシュ・パワーを買収するなど有力電力会社はEU市場での事業範囲を拡大した。それは、火力発電で規模の経済を働かせ、市場支配力を拡大する戦略に他ならない。

▶ EUの政治的意図

2000年代半ばから、EUは積極的な再エネ導入策を進めた。背景には、1997年に合意され、2005年に批准された京都議定書により加速した世界的な地球温暖化対策の動きを先導するとともに、ロシアからの天然ガスの過度の依存を回避するという国際的な政治意図、および環境意識の高い国民からの支持を得ようとする国内的な政治意図がある（図2-5）。

2001年に施行されたドイツの再生可能エネルギー法（EEG法）で本格的に始まった固定価格買取制度（FIT）は、再エネの導入拡大という当初の目的に加え、雇用問題を抱えていた旧東ドイツ地域での太陽電池産業育成策としての側面があった。ドイツで始まったFITは太陽光発電のコストを大幅に低下させ、イギリス、スペインなどに広がった。FITは、旧東ドイツで設

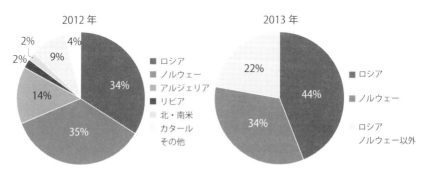

出所：BP統計、Eurogas、Gazprom、Gasscoのデータを用いてJOGMEC作成

図2-5　EUの天然ガス輸入先別シェア

立され、一時は太陽電池の生産量で世界のトップに立ったQセルズなどの有力企業を生むという成果を上げる一方で、メガソーラーの急激な増加による国民負担の増大という問題も引き起こした。

同時期に導入された排出権取引も、CO_2排出量の多い石炭火力から再エネへの転換を促した。京都議定書ではEU全体での温室効果ガスの排出削減が目標とされたため、東欧諸国など温室効果ガス排出量が多くコストが低い国で成果を上げることができた。地球温暖化対策を通じ、EUの国際的な地位を高めるという政治意図は着実に達成されてきた。

▶ 加速する再エネ

2011年の東京電力福島第1原子力発電所の事故はEUの再エネ拡大政策を一層加速した。ドイツが脱原発の方向を明示するなど原子力のシェアを低下させる一方で、それを補う再エネが一層重視されるようになった。

原子力を発電の中心としていたフランスでも、再エネ導入の機運が高まっている。フランス政府は電力消費における再エネのシェアを2025年に40%とし、原子力のシェアを、2012年の大統領選でのオランド大統領の公約通り、50%まで低下させる方針を示している。こうした政策の影響を受け、2015年に原子力のシェア維持を主張していたフランス電力公社EDFのプログリオCEOが交代した。また、国営の原子力発電企業アレバはフィンランドの原子力発電所建設遅延などで、2015年に20億ユーロの損失を計上したことを契機に事業の先行き不透明感が増し、EDFへの事業売却を計画するなどリストラを進めている。

こうした動きにより今後、EUで再エネが発電の中心となるのは間違いない。すでに、2014年の電力消費における再エネのシェアは27%（水力を除くと17%程度）に達しているが、これを2030年に45%、2050年に80%へと拡大することがEUの目標である（**図2-6**）。現在までの拡大傾向を見ると、2014年の欧州委員会による指針「2030年気候とエネルギー政策の枠組み」で示された2030年の再エネシェア45%（水力を除くと35%程度）という目標の達成に現実味が出てきた。

EUはこれまで世界中で誰も達成しなかった再エネ導入率に挑戦するために、広域送電網の機能強化や洋上風力発電の拡大など、新たな電力システム

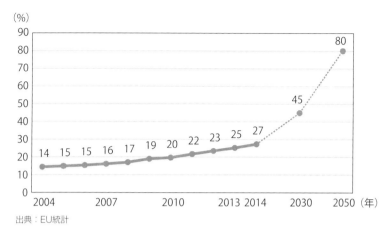

出典：EU統計

図2-6　発電量における再エネシェアと将来目標値

作りを進めている。こうしたチャレンジングな取り組みも、パリ協定もEU統合から始まる長大な世界戦略の道程にある。

　しかし、第1章で述べた通り、アメリカと中国を取り込んだパリ協定は、EUの戦略にとって諸刃の剣の性格を持つ。EUの思惑通りに事が運ぶためには、EUがチャレンジングな目標を達成することに加え、高い再エネ導入率を実現してもEUの経済が安定していること、途上国・新興国からEUを範とするような支持の声が上がること、などが条件となる。

　EU経済については、ギリシャ問題以来の不安定さが払しょくできていない上、イギリスの離脱という新たな問題も加わった。アメリカではトランプ政権が誕生して共和党が勢力を拡大する中、温室効果ガスの削減にブレーキがかかる可能性がある。中国は着実に温室効果ガスの削減策を進めるが、他国の介入を許さない独自路線を維持するだろう。そうした中、EUのチャレンジングな目標への支持をどれだけ獲得できるかが問われる。

▶ 風力中心のエネルギーシステムへ

　EUでは風力発電の拡大が目覚ましい。総発電量に占めるシェアは、2014年で約8%に達した。大規模水力発電（年間電力需要に対して10%強を占める）を除く再エネでは48%のシェアを占め、他の再エネを圧倒している。2000年代には風力、太陽光、バイオマスの再エネ発電の割合が均衡してい

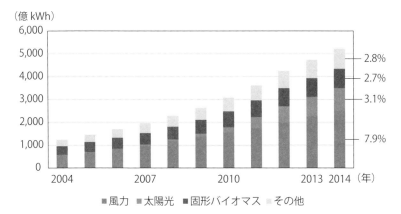

注：toe=11,630kWh で換算
2014年のパーセンテージは電力消費に占める各再エネの発電量割合
出典：EU統計

図2-7　EUの再エネの導入量の推移（水力除く）

た。太陽光はFIT価格の高値設定、導入しやすさなどにより急拡大し、ドイツやスペインでの大量導入が日本のメガソーラー待望論にもつながった。

　2010年代になると、再エネごとの勢いに差が出てきた。2014年の再エネのシェア28％から大規模水力発電を除いた約17％の内訳は、風力発電約8％、太陽光発電、（固形）バイオマス発電は約3％と、わずか数年で2倍以上の差がついた（図2-7）。メガソーラーは失速して太陽電池メーカーQセルズは勢いを失い、2012年に韓国のハンファグループに買収された。

　風力発電が他の再エネを引き離した要因は発電コストの低下だ。現在では、陸上風力で10円/kWh程度とLNG火力発電を下回るレベル（ドイツでは陸上風力の平均発電コスト9.6円に対し、天然ガス火力は10.6円）にある。

　2030年の再エネシェア45％の達成は、風力発電の拡大にかかっていると見て間違いないだろう。EUは2015年時点で1億4,000万kWの風力発電容量を有するが、EWEA（欧州風力発電協会）は2020年には2億1,000万kW、2030年には3億5,000万kWに拡大すると見込んでいる。

　特に、ドイツは風力発電への重点投資の姿勢が明確だ。2015年のドイツ国内の最終電力消費に対するシェアは12.2％に達している。前年比で50％伸びており、他の再エネ発電を引き離している（図2-8）。コストの低下した

再エネ種別の発電量の推移

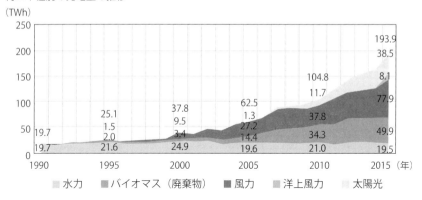

風力発電量の推移

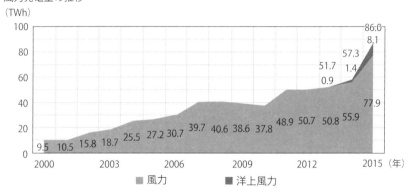

出所：AGEE（ドイツ政府再生可能エネルギー統計ワーキンググループ）

図2-8　ドイツの風力発電の拡大

陸上風力の設置が大幅に進んだことに加え、本格的に洋上風力が稼働し始めたためである。ドイツ国内の最終電力消費に占める風力発電のシェアは、今後さらに拡大すると見込まれている。市場の拡大で発電設備のコストがさらに低下する上、送電線の整備が進むからだ。

▶ 座礁資産化した火力発電

　風力発電を中心とする再エネ拡大の割を食ったのが火力発電である。これまでのエネルギーシステムでは、経済性の高い電源から優先的に投資資金が

向かい、電気事業者は経済性の高い電源から順次送電した。経済性が高く、供給力の大きな電源はベース電源として優先的に送電され、天然ガス火力のように、コストが高めで変動追従性の高い電源は需給バランスを保つ調整電源としての役割を担ってきた。

再エネの導入拡大政策により、こうした経済性優先の投資および送電のメカニズムが崩れた。再エネは補助金を与えられた上、経済性に関係なく発電したすべての電力を優先的に送配電網に流すことができるようになったからである。再エネ発電は安定して資金が回収できる投資対象となり、優先的に投資されるようになった。

再エネ電源の稼働率が最大限維持されるようになった結果、火力発電は再エネと需要双方の変動を吸収することになり稼働率が低下した。稼働率の低下は設備コストを押し上げ、発電効率を低下させて燃料費も押し上げる。最近、石炭火力すら競争力が危ぶまれるようになっているのは、こうした影響が最もコスト競争力の高いベース電源にまで及んでいることを示している。稼働率の低下とコストアップで閉鎖に追い込まれる火力発電所も出ている。

火力発電のコストアップは、規模の経済により競争力を高めてきたドイツ4大電力の収益力を直撃した。4大電力の1つRWEは、2013年に27億6,000万ユーロ（約3,900億円）の損失を計上し、60年ぶりの赤字に転落した。2014年には17億ユーロの黒字に回復したものの、2015年に再び約2億ユーロの赤字に転落している。エーオンも、火力発電事業の不振により2014年に約31億3,000万ユーロ、2015年に約63億7,700万ユーロの赤字を計上した。エーオンは火力発電事業からの撤退を視野に、再エネ発電を本体に残し、火力発電事業を別会社化するリストラを行った。RWEとエーオンは電力自由化以降、自由化の勝ち組とされ株価が上昇し続けてきたが、再エネの拡大で収益が悪化し、株価も下落している。

火力発電の資産価値は稼働率に大きく左右される。将来にわたって稼働率の低下による資産価値の下落が見込まれるならば、発電会社は資産を減損しなければならない。EUは今後も再エネの比率を高める方針を取っているため、何の政策も講じなければ火力発電の収益性と資産価値は下落し続ける。

投資家の間ではパリ協定以降の地球温暖化対策の加速を踏まえ、石炭などの火力発電所を、投資回収ができない「座礁資産」とする見方が広がってい

る。再エネ発電の優先構造が続けば、座礁資産となる火力発電所の数は増大する。

▶ 風力中心と脱火力の限界（EU全体はドイツ化しない）

　EUの再エネ導入の中心となっているドイツでは、風力発電が拡大を続けており、将来的に風力発電が年間電力需要の過半を賄う可能性もある。2015年には、ドイツの年間電力需要に占める再エネのシェアは30％を超え、2016年5月には瞬間的に95％に達した。ドイツは年間電力需要に占める再エネのシェアを2030年に50％、2050年に80％まで高めることを目指しているが、実現の可能性はある。

　しかし、EU全体がドイツ同様に再エネ比率を高められる訳ではない。ドイツが風力発電のシェアを高め、高い設備利用率を維持できたのは、周辺国に余剰となった風力発電の電力を流し、電力が足りなくなった場合は周辺国から調達できたからである。言い換えると、国内で需給調整ができる分だけ国内で消費し、それ以外の調整を国外に任せてきたからである。

　その影響は周辺国のエネルギーシステムに影響を与えている。2015年11月、ドイツの一部を管轄するオランダ送電会社テネット（TenneT）が、ドイツの風力発電の発電量が想定を上回り、停止もできないため、隣接するデンマークの風力発電にペナルティを支払って発電を停止してもらう、という事態が発生した。風力発電の完全な予測は難しく、ドイツが風力発電のシェアを拡大すれば、周辺国はこうした突発的な事態に備えなくてはならなくなる。

　余剰になったドイツの再エネ電力を受け入れた周辺国は（図2-9、2-10）、デンマークのように、ドイツの風力発電の変動を吸収するために供給抑制を行う場合もある。風力発電の余剰電力の輸出は、原子力で電力需要の過半を賄っているフランスにも及んでおり、風力発電の発電量が落ちたときには電力を輸入する場合もある。旧東ドイツ地域の送電会社50Hertzが事業を営む地域では、風力発電のシェアが特に高いため、風力発電が停止する時間帯にはポーランドから電力を輸入し、風力発電の発電量が多い場合にはポーランドに輸出するという運用が行われている。ドイツ国内の火力発電の収益性が低下し、発電量が極端に縮小した場合、ドイツの電力システムの需

第 2 章 再エネの行方を決める 3 大市場の動向

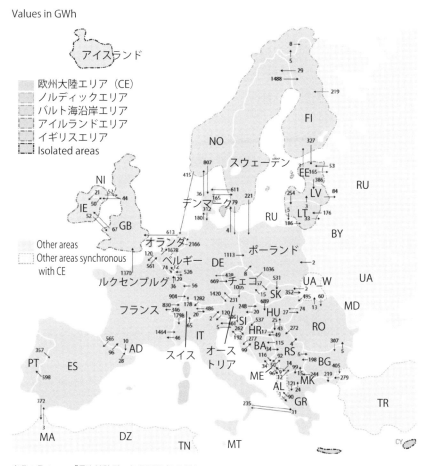

出典：Entso-e「月次統計データ 2015 年 9 月」

図2-9　ドイツの電力輸出入（物理量ベース）

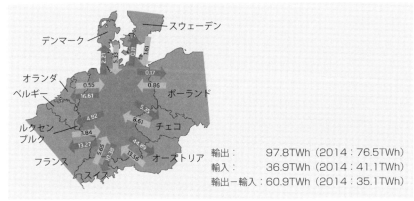

出所：Agora Energiewende（www.agora-energiewende.de）

図2-10　ドイツの電力輸出入（商業ベース）

給を他国の火力発電で調整することになる。

▶ 風力発電の本当のコスト

　EUでは「風力発電コストが火力発電を下回った」とされる。しかし、風力発電のコストは稼働調整をしない、いわゆる出成りのコストであり、変動調整のコストは送配電網側、さらに言えば火力発電が負担させられている。風力発電のコストは火力発電で言えば、最大効率を発揮できる稼働率で安定運転している状態のコストに等しく、同等に扱うことはできない。

　風力発電が系統の安定性を維持するための変動調整コストを見込んだ場合、経済性は大きく低下する。将来的に蓄電池や水素転換のコストが大幅に下がれば、調整機能を含めた発電システムを構成して電力を供給することもできるが、少なくとも2030年をめどに経済合理性のある蓄電池や水素転換を想定することは難しい。

　一定した風況が24時間365日続くことはあり得ない。バルト海沿岸部の風力発電は、冬の夜には発電容量の上限まで発電できることもあるが、夏には昼間にほとんど発電しない日もある。発電量が低い場合は火力発電などで補って需給バランスを保たなくてはならず、発電量が十分でも需要に合わせるための微妙な変動調整を火力発電、揚水発電で行う必要がある。風力発電

の変動を制御するためには、需給バランスを維持するための電源の確保だけでなく、風況の良い地域から産業施設や住宅の密集する需要地を結ぶ送電線を整備しなくてはならない。

こうした対策を講じても、風力発電を上限なく拡大できる訳ではない。2つの観点から、1つの電力システム内での風力発電の導入量には技術的な限界があると考えるべきである。

▶ 風力発電導入の壁、容量クレジット

1つ目は、電力システムの安定のために、風力発電容量をピーク需要に合わせることができない点である。欧州の容量クレジットの研究によれば、電力システムのピーク需要に占める風力発電容量のシェアが小さい場合、風力発電の発電容量の30〜40%までを安定した電力供給として計算できるが、風力発電容量のシェアがピーク需要の100%近くなると5〜10%程度しか安定した電力供給として見込むことができないとされる（**図2-11**）。

これは、導入量が増えると風力発電の供給信頼性が落ちることを示しており、電力システムの安定性を維持しつつ経済性を維持するためには、風力発電の導入量は一定程度に抑える必要がある。

日本風力発電協会は電力システムの安定運用を考慮し、日本全体のピーク

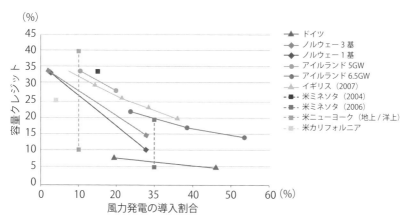

出所：EWEA（欧州風力発電事業者協会）

図2-11　風力発電の導入割合と容量クレジット

需要である約1億5,000万kW（2014年の実績では1億5,300万kW）の50%に当たる7,500万kWを風力発電導入の最大目標値としている。電力システムでは周波数や電力の潮流を制御する必要があるため、風力発電に対しては同規模以上の火力発電が必要とも言われる。同協会が風力発電の導入容量は全発電容量の50%が限界とすることと合致する。

離島における研究でも50%は風力発電の導入限界値であることが示されている。台湾の澎湖諸島での風力発電をベースにした研究では、35,000kWのピーク需要に対する風力発電の発電容量の最大値は26.3〜53.4%との研究結果が出されている[1]。

2つ目は、ピーク需要の100%の発電容量の風力発電を導入しても、年間電力需要の50%の発電量しか生み出せない点である。デンマークの2015年のピーク需要は約600万kWだが、2015年時点の風力発電の最大発電量は約510万kWとピーク需要の85%に達したが、発電量は年間電力需要の42%であった。デンマークの事例ではノルウェー、スウェーデン、ドイツとの送電線の連系を前提とし、設備能力の最大まで発電している。一国に閉じた電力システムの場合、風力発電のシェアはデンマークほど増やせない。そのデンマークでも、年間電力需要の50%以下の電力しか供給できていないのだ。

以上を踏まえると、風力発電の発電量は概算で年間電力需要（kWh）の25%程度までとの結論が得られる。デンマークの事例を前提とすると、EU全体のピーク需要の100%の風力発電を導入し可能な限り最大に発電した場合、年間電力需要の50%を供給できる。しかし、容量クレジットの限界を踏まえれば、EU全体の電力システムで風力発電の発電容量（kW）の上限はピーク需要の50%程度となり、年間の発電量はその半分の25%になる。EU域外と送電線を連結すればEU内の風力発電の容量は拡大するが、政治的な理由などで送電線の接続が難しい国もある上、EU内で風力発電のシェアを高めれば、その変動を補う分だけ域外で火力発電が増えることになる。

---

[1] Chia-An Chang; Yuan-Kang Wu; Bin-Kwie Chen, Determination of Maximum Wind Power Penetration in an Isolated Island System by Considering Spinning Reserve, Energies 2016, 9 (9), 688

表2-1 EUの将来的な風力発電量割合

シナリオ	発電容量（GW）			発電量			需要に占める風力発電割合		
	陸上	洋上	合計	陸上	洋上	合計	陸上	洋上	合計
低位	206.3	44.6	250.9	440.2	164.2	604.5	13.8%	5.2%	19%
中位	253.6	66.5	320.1	533.1	244.5	777.7	16.7%	7.7%	24.4%
高位	294.0	98.1	392.1	627.5	360.8	988.3	19.7%	11.3%	31%

出所：EWEA（欧州風力発電協会）

▶ 将来の電源ポートフォリオ

　ここまでの議論を踏まえると、概ね風力20%を中核にしつつバイオマス10%、メガソーラー5%程度が、閉じた1つの電力システムの中で目標とし得る再エネの限界的なポートフォリオと言うことができる。EUの「ロードマップ2050」（再エネの拡大シナリオ）における英国の大学（Imperial College London）などの分析でも、ベースケースとして2030年時点で風力22%、バイオマス10%、太陽光6%といった試算が示されている。欧州風力発電協会は2030年の風力発電の発電量のシェアを19〜31%と分析しているが、風力推進機関の数値であることを勘案すると、チャレンジングな目標と捉えることができる（**表2-1**）。

　理論的には、資金に糸目をつけず調整機能を強化すれば、風力発電のシェアを高めることは可能だ。しかし、風力発電自体が発電量の調整機能を持たないため、それは火力発電の経済性などを犠牲に電力システムの運営コストを高めることを意味する。風力発電の導入拡大は、総発電量に占めるシェアが20%を超えたあたりから、風力発電の拡大か調整コストの負担かという選択を迫られることになりそうだ。

　日本では風況の良い地域が限られるため、風力発電のシェアは割り引いて考えなければならない。したがって、上記に大型水力を加えれば、風力発電15〜20%、バイオマス10%、水力10%、太陽光5%、火力40〜45%、原子力15%といった電源ポートフォリオが日本にとって限界的な理想像と考えることができる。現在示されている電源ポートフォリオは、そこに向けたプロセ

スと捉えることができる。ただし、理想像に近づくためには、FITの賦課金の大幅な積み増しに加え、北海道や九州などから風力発電の電力を送る送電線、各電力会社の送電網をつなぐ連系線への膨大な投資が必要になる。今後、理想的な電源構成と実現方法に対する合意形成に向けて、国同士の駆け引きが活発になる。

▶ 中核電源としての風力発電の役割

　電源ポートフォリオの中で20％を目指すとなれば、風力発電は中核電源の1つと考えなくてはならない。風力発電の出なりのコスト競争力が火力発電を凌駕するようになり、洋上風力が風力発電の拡大余地を広げれば、こうした傾向が明らかになる。風力発電が中核電源と位置づけられるようになれば、発電コストの低い再エネへの絞り込みが進み、再エネに対する優遇措置は転換期を迎える。コストの安い風力発電に拡大余地がある中で、送電網整備や変動調整コストに加えて、経済性の低い再エネ発電のコストを国民に転嫁することへの反発は避けられなくなる。ドイツでは2016年の家庭用電気料金が2000年当時の2倍、産業用に至っては2.5倍の水準になっており、経済性を重視した再エネの絞り込みが早晩必要になろう。

　これまで水力、石炭火力、天然ガス火力、原子力発電のそれぞれが時代の中核電源を担い、経済性、安全性、安定性を求められてきた。総発電量に占めるシェアの大きい中核電源のコストは、電力システム全体のコストと信頼性を左右するからだ。石油火力のようにコスト高になれば、あっという間に中核電源としての座を失い、事業者からも政策サイドからも投資が行われなくなる。今後はEUの風力発電も歴代の中核電源と同じような監視の下に置かれることになる。

▶ FITの終焉

　風力発電については、火力発電との経済性の格差を埋めるために開始されたFITによる高値買取は、発電コストが十分に低下したことで終了となる可能性が高い。ドイツ政府はすでに固定価格買取制度を段階的に廃止することを前提に、2014年の改正再生可能エネルギー法（EEG2014）で太陽光発電に対して競争入札制度を導入しており、2017年の改正再生可能エネルギー

法（EEG2017）で風力発電、バイオマス発電に対象範囲を拡大する。

また、2014年から再エネ発電会社が卸電力市場に直接電力を販売する制度が始まっており、2014年500kW以上、2016年250kW以上、2017年100kW以上と対象範囲を拡大している。最低買取価格の設定はあるものの市場取引により再エネ価格を決定するための試行との位置づけで、将来的に再エネの買い取りを自由価格に移行することを見据えている。

FITの終了により政府が定めた固定価格での買取がなくなれば、再エネ投資のリスクは増大する。制度に基づく買取保証がなくなると、売買価格は市場の中で決まるようになり、これまでのような安定した収益が見込めず投資リスクが高まるからだ。優先接続が維持され、全発電量の買取が保証されたとしても、収入リスクが格段に高まることは避けられない。

投資家が負担しなくてはならないリスクが増える分だけ、風力発電の投資にはリスク負担力が必要になる。小型の再エネ投資のリスクが相対的に高まることを考えると、再エネ市場は資金負担力のある大手電力会社による投資が主流となる。すでに、エーオンは本体を再エネに特化させ、2015年には600万kW弱の再エネ発電資産を保有している。洋上風力では設備容量世界第2位まで順位を上げてきた。RWEも買収先の英国RWE Innogyを中心に、500万kW超の再エネ発電資産を保有し、さらなる拡大を目指している。イタリアのENELの再エネ保有は1,000万kW弱、スペインのイベルドローラの再エネ保有も1,400万kW超だ。

▶ 容易ではない脱石炭

ドイツ、イギリスをはじめ多くのEU諸国は石炭依存度が高い。フランスとドイツの間で紛争の元になってきたルール地方の石炭を共同管理するための欧州石炭鉄鋼共同体から始まったEU設立の経緯を見ても、石炭からの脱却は容易ではないし、ロシアの天然ガスに依存することを避けるはずだ。ドイツは依然として発電の40％を石炭火力に依存しており、石炭産出を支える多くの労働者がいることも政治的な判断を難しくする。

イギリスのEU離脱後は、電力の90％近くを石炭火力に依存するポーランドなど東欧諸国が石炭火力の温存を主張する可能性もある。EUの1割超の電力を消費し、再エネ導入に積極的なイギリスの離脱で、東欧諸国のCO_2削

減の負担が増す可能性があるからだ。

　西欧諸国に比べて産業競争力や国民所得が低い東欧諸国は、石炭火力から再エネへの移行による経済的な負担や石炭産業の雇用問題の影響が相対的に大きく、西欧諸国に比べて再エネへの反対が根強い。ポーランドは、2013年にポーランドのワルシャワで開かれた国連気候変動枠組条約第19回締約国会議（COP19）に合わせて、ワルシャワで国際石炭・気候サミットを開催し、石炭の重要性を訴えたほどだ。イギリスのEU離脱の遠因となったイギリスへのポーランド移民の増加はポーランドの厳しい経済事情を反映している。石炭以外に目立った資源のないチェコの事情も同様であり、ポーランドとともに何度も再エネ導入目標の引き上げに反対している。西欧諸国の陰に隠れているが、EUは石炭火力についても一枚岩ではないのだ。

　こうして見ると、技術的にも政治的にも風力発電が一元的にシェアを高め、火力発電が完全に淘汰されることは考えにくい。風力発電は今後もシェアを拡大するが、いずれの時点でも火力発電と適当な割合でバランスすると見るのが妥当だ。技術面や政治面での課題が緩和する分だけ、風力発電のシェアは伸びるだろうが、今のような増勢はどこかで落ち着くはずだ。

　現在は風力発電と火力発電のバランシングポイントに向けた、電源の再構成の段階にあると言うことができる。風力発電が過去の優遇政策の下で競争力とシェアを高める一方、火力発電は変動調整の負担を負わされ、シェアを落としてきた。そこで、過渡的に淘汰の対象となっている火力発電が座礁資産と言われている訳である。

▶ 不可欠な調整電源となる火力発電

　バランシングポイントに至ると、風力発電と火力発電の扱いは大きく変わる。火力発電は、再エネの変動を調整するための必要不可欠な電源となるからだ。一方で、風力発電は価格の優遇措置がなくなるだけでなく、変動調整のコストを負わなければならなくなる可能性もある。

　火力発電が完全に調整電源として位置づけられたとすると、それは送電網を安定させるための機能となったことを意味する。こうなると、変動調整を要する電源は送電網の利用に際して変動調整コストを負担することになり、変動調整力のある火力発電は送電網と同様に収益が安定した電源となる。

現在、イギリスが導入し、フランスが導入を決定、ドイツが導入を検討している容量市場はバランシングポイント後の火力発電の位置づけに向けた取り組みと解釈することができる。容量市場は再エネの電力が足りない場合に、不足分をカバーする火力発電などを調達するための仕組みであるからだ。

容量市場の創設は再エネと火力発電に二重投資を行うことを意味しており、電力システムの経済性を損なう側面を持っている。風が吹かなかった時、雨で太陽光発電が発電しなくなった時に備えてバックアップの電源を用意し、待機にかかるコストを電力システム全体で負担するという考え方に基づくからだ。容量市場の維持は電力料金にも跳ね返り、需要家の負担が増す。これに他の変動調整のコストが加わり、需要家の反発を招けば、火力から風力への転換に制約が出ることもあり得る。

バランシングポイント後に、容量市場の延長で電力システムが安定化するための機能と位置づけられた火力発電は、競争にさらされない安定した投資対象となる。その一方で、風力発電は調整コストを負担し、競争下で買取価格が決まるリスクのある投資対象となる。現在、欧州で容量市場の整備が進んでいることを考えると、2020年頃にはこうした状況が垣間見えることになろう。

▶ イギリスEU離脱でブレーキがかかる電力市場統合

1999年のユーロ導入以来拡大してきたEUは、ギリシャの財政問題、トルコの参加問題、イギリスのEU離脱などで危機に直面している。ギリシャの財政危機ではドイツと他国の間で対応方針について大きな隔たりを生み、ギリシャのユーロ離脱も議論された。イスラム教国であるトルコのEU参加問題は、文化を共有するというEUの方針とのバランスの問題を抱え、シリア難民の欧州流入問題、EU加盟化国であるギリシャ・キプロスとの紛争など課題が山積している。EUの枠組みが2030年、2050年に向けてどうなるのか見えていない。

その上で起こったイギリスのEU離脱は大きな衝撃を与えた。イギリスの離脱は電力市場の統合について、ブレーキにはなっても追い風となることはない。EU統合の先行きが見えなくなるほど、電力市場の統合も進めにくくなるからだ。

電力市場統合の停滞が、再エネ拡大の障害になる可能性もある。EUで風力発電の大量導入を可能にしたのは、欧州全域にまたがる広域送電網があったからだ。イギリスのEU離脱はその拡大を減速させる方向に働く。ドイツの風力発電の変動はイギリスの風力発電の変動と周期が異なるため、広域で運用すればEUとしての風力発電の変動を抑制することができる。こうした広域平準化が欧州の超広域送電網の効果である。イギリスのEU離脱で送電網の広域運用にブレーキがかかることになれば、標準化効果が頭打ちになり、風力発電の導入にも影響が出る。世界の洋上風力の5割が立地するイギリスの洋上風力の開発に影響が出ることも考えられる。

▶ 市場統合の壁

　電力統合市場に必要な送電線の整備は、地下化を含む送電線ルートの見直しなどで大幅に遅延している。ドイツは豊富な風力発電資源を擁するが、需要の少ない北部から需要の集中する南部への送電網を整備しなくてはならない。しかし、沿線住民の反対や環境問題により計画通りに整備が進まず、送電線地中化を含む計画の見直しが進められているが、投資額が当初想定の3倍に膨らむとの報告が議会に上げられている。南北の送電線の整備が遅れると、東側はポーランド、西側はオランダを経由してEU各地に送電する電力が増え、経由地となる国の送電線整備の負担が問題となる可能性がある。

　ドイツ以外でも、広域送電網が当初の想定から大幅に遅延する事態が起っている。2016年10月に、アイスランドと英国の間を結ぶ全長1,000kmの送電線「アイスリンク」の敷設計画が遅れる可能性があることを、アイスランド電力公社が明らかにした。

　再エネの変動問題を緩和するもう1つの方策は需要の拡大だ。需要が大きくなれば、供給側の変動の影響は相対的に小さくなる。例えばEU最大の人口を抱えるドイツに匹敵する、約8,000万人の人口を持つトルコが広域送電網に参加すれば、再エネ導入量を拡大することができる。水力資源や石炭火力が豊富な上、原子力発電所の建設も計画しているトルコは風力発電の変動吸収に寄与するはずだ。しかし、EU統合が減速すればトルコの取り込みにもブレーキがかかる。

　EUの送配電網の広域化は、どの国の電気も公平に買うことができるよう

にするとのEU統合の理想に基づく。EU統合に対する遠心力が働き始めると、こうした理念に基づく電力統一市場の形成と送配電網の統合にもマイナス要素が生まれる。これまで統合のメリットで再エネを拡大してきたEUのエネルギー政策が、今後もとんとん拍子に進むとは限らない。風力発電の導入は現状のEUの広域送電網を前提として考えるべき環境になっている。

▶ メガソーラーの役割が縮小する

　歴史的に見ると、EUで一世を風靡したメガソーラーは再エネ普及の起爆剤としての役割を担った。燃料調達の必要がなく、設備の構造が簡単で短期間で建設でき、維持管理の容易な太陽光発電は再エネへ多くの投資家を引き込んだ。

　しかし現在、EUでメガソーラーはコストで敗れつつあり、風力発電との差が急速に広がっている。EUでは、特定の地域を除き、大規模再エネ発電の投資対象としての役割を終えることになろう。よほどの技術革新がない限り、EUでの太陽光発電のコストが風力発電のコストを下回ることは考えにくい。北欧、ドイツ、イギリスなど日照時間が短い国も多く、かつてメガソーラーを牽引したドイツの平均日照時間は1,500～1,600時間程度と、日本で最も日照時間の短い秋田県に近い。

　ドイツの太陽電池メーカーQセルズが再エネ産業のリーダー的存在として賞賛された時期もあったが、太陽光発電に適していない欧州で事業を拡大するのは無理があった。日照時間に恵まれた地中海沿いのスペイン、イタリアなどでは一定の可能性が考えられるが、EU全体で見れば拡大の可能性は限定的と言わざるを得ない。再エネ投資のスキームが一般化して市場が拡大し、投資家が再エネの強みと弱みを分析するようになり、政策サイドも投資効率を重視するようになったことで、メガソーラーは風力発電に劣後するようになった。EUでは、系統に接続する大規模な再エネ電源としての役割を終えていくと考えられる。

　ただし、太陽光発電自体は、発電効率の高い温帯から熱帯地域向けの発電技術か、分散型エネルギーシステムの中核技術として発展を続ける。スマートハウスに見られるようなハイブリッド型の技術としては、他の電源にない大きな強みを持つ。需要サイドの発電技術としての活躍を期待したい。

▶ バイオマス発電への期待

　メガソーラーと対照的に拡大が期待できるのがバイオマス発電である。バイオマスには、他の再エネにはない優れた特徴があるからだ。

　1つ目は、化石燃料時代からの技術を用いて出力調整ができることだ。こうした特徴を活かせば、再エネとして、風力発電の導入限界を押し上げることも期待できる。

　2つ目は、熱供給ができることだ。世界的に見ても、最終エネルギー消費の過半は熱需要向けであるから、バイオエネルギーの存在は貴重だ。ドイツの再エネ比率が高いのは、バイオマスによる熱エネルギー供給が普及していることも1つの理由だ。

　3つ目は、化石燃料との混焼に適していることだ。化石燃料の時代から再エネの時代へ円滑に移行するためには、両者が並立する移行期をいかに上手く乗り切るかが問われる。例えば、石炭火力に木質バイオマスを混焼させれば石炭火力の資産を座礁化するリスクを軽減することができる。

　4つ目は、燃料として運搬することが可能なことだ。EUでは木質バイオマスのペレット市場が整備されたことで、バイオマスの利用が加速した。中でも、ブラックペレットと言われる半炭化したペレットは、発火の危険性が低く輸送しやすい上に熱量が高く、石炭火力との相性も良い。

　ドイツ、フィンランド、オーストリアなど森林資源の豊富な国では自国の資産を活かしたバイオマス発電が普及する一方、2014年からはイギリスやオランダなど森林資源の少ない国でもアメリカなど国外からペレットを調達し、バイオマス発電を手掛ける事例が増えてきた。ドイツRWEの英国子会社であるRWEイノジーは、木材需要の大きいアメリカにペレットの製造拠点を置き、英国に輸出して石炭火力で混焼している。将来は純粋なバイオマス発電への切替も視野に入れている。

▶ 地域密着が新たな発展の機会に

　出力調整や混焼など柔軟な利用が可能なバイオマス発電は、EUの挑戦的な再エネ導入目標の達成に不可欠の技術になる。

　バイオマスは地域経済にも貢献するため、単なる再エネ発電以上の意義も

ある。発電事業に加え、農林畜産業と連携して燃料化事業を育成し、雇用を作り出す効果があるからだ。ドイツやオーストリアで、自治体が出資するシュタットベルケが積極的にバイオマス発電を手掛けているのはこのためだ。

ドイツでは、1970年代のオイルショックを契機に熱導管の整備を進め、2000年代の地球温暖化対策でも熱導管整備を加速した。こうしたインフラを利用して、バイオマス発電の余剰熱を地域で活用することで総合的なエネルギー利用効率が高めたことが、バイオマスの普及を促した。オーストリア・ウィーンのシュタットベルケは、最大で17,500kWの発電と35,000kWの熱供給を行うバイオマス電熱併給プラントをウィーン市内で稼働させている。同様のバイオマス利用は、ドイツやオーストリアに広がっている。

シュタットベルケは事業エリアが限られるため、小型の発電設備を組み合わせた電力供給モデルを指向する傾向がある。ドイツでは送電網は発電事業から独立した送電会社（TSO）が運営するが、需要家に近い配電網はシュタットベルケが運営するのが一般的であるため、配電事業とも連携できる。小型発電設備を用いれば、域内の需要に合わせて柔軟に発電を行い、排熱を利用してエネルギー効率を高めることもできる。

地域経済への波及効果を高め、熱利用を含めた地域のエネルギー自給率を高めれば、地域資源を利用したバイオエネルギーは風力発電に次ぐ再エネに成長できる。風力が中核電源として厳しい経済評価を受ける中、存在感を高めることもできる。バイオマスの再拡大が始まった段階で、EUの再エネは新たな進化を遂げる。

3 経済性前提のアメリカ市場

▶ 一貫した経済性重視

　広大な国土と豊富な再エネ資源を擁し、再エネ発電量で世界3大市場の一角を堅持しているものの、アメリカは伝統的に欧州と比べて地球温暖化対策に積極的とは言えない。2000年にブッシュ元大統領と争った民主党のゴア元副大統領は積極的な地球温暖化対策推進論者として名をはせたが、ゴア氏が掲げた政策は、欧州はおろか日本の政策と比べても見劣りがする。オバマ大統領はパリ協定にいち早く批准したが、エネルギー政策として追加的な政策を掲げた訳ではない。

　こうしたアメリカの政策姿勢の背景には、経済性重視の伝統的なエネルギー政策がある。広大な国土を股にかけた活動を余儀なくされることから、アメリカの1人当たりのエネルギー使用量は他国に比べ突出している。一方でアメリカンドリームを掲げ、世界中から優秀な人材と資金を吸収するために、他の先進国にも増して経済成長を重要な政策課題としている。経済活動の基盤となるエネルギーを低コストで調達できるかどうかは、アメリカにとって死活問題とも言える。

　アメリカの経済性重視の政策姿勢は今後一層強まると考えられる。トランプ大統領誕生の背景には、二極化するアメリカの経済構造があるとされる。反トランプを掲げたのはニューイングランドの諸州、カリフォルニア州といった所得が高く、付加価値の高いサービス産業やIT産業が盛んな地域であり、トランプ新大統領を支持したのは重厚長大、エネルギー、農業などを経済基盤とする地域だ。前者ではコスト高でも環境性の高いエネルギーを受け入れる素地があるが、後者ではエネルギー価格の高騰が住民生活の直接的な影響を及ぼす。大統領選の結果から見ても、後者の意向を無視したエネルギー政策が講じられ続ける可能性は低い。今回の大統領選は、民主党政権下で前者の意向を受けてきたアメリカのエネルギー政策の転換点となるかもし

れない。

▶ 変わることのないアメリカの政策姿勢

　アメリカはこれまでも、国内資源を用いながらも中東をはじめとする産油国を戦略的に囲い込むなど、安いエネルギーの安定的な確保を国家的な政策課題としてきた。地球温暖化問題では、共和党が化石燃料寄り、民主党が再エネ寄りとの見方もあるが、安いエネルギーを重視する政策姿勢は政権を問わず今後も変わることはないと考えられる。

　アメリカの代表的な石油企業エクソン・モービル元CEOレックス・ティラーソン氏の国務長官任命は、こうした姿勢の表れと言える。アメリカのオイル／ガスメジャーは1980年代の資源国の石油権益の国有化で保有確認埋蔵量が低下し、エクソンとモービルが合併したという経験がある。トランプ大統領はOPECの石油資源の統制に不満を表明しており、エネルギー安全保障のための権益確保を目的にした外交を展開すると考えられる。

　アメリカは建国以来、自由と自己責任を政策運営の基盤としてきた。規制などによる拘束を極力減らして、企業の自由な活動を促すことで先進国の中で高い成長を維持してきた。そのための活動基盤を整備するのが国の役目であり、エネルギーはその中の重要なテーマである。

　自由な市場に立脚した経済力はアメリカの力の源であり、エネルギーはそれを実現するためにも必要不可欠な手段である。世界的な地球温暖化対策の動きに賛同したとしても、アメリカの基本的な価値観が揺らぐことは考えにくい。エネルギーについても規制はできるだけ少なくし、経済性が重視されていくはずだ。再エネもその中の選択肢の1つと考えるべきだ。

▶ シェールオイル／ガスで復活したアメリカのエネルギー産業

　1994年にテキサス州バーネットでジョージ・ミッチェル氏が実用化したシェール層の水圧破砕技術は、シェールオイル／ガスの掘削コストを大幅に低減した。ミッチェル氏はその技術を使った採掘会社の事業が成功すると、幅広く技術を公開したため、多くの企業が水圧破砕の技術を習得してシェール開発が一気に進むことになった。2000年代になると、東部ペンシルバニア州のマーセラス、南部テキサス州のパーミアンなどでシェール掘削ブーム

が起こった。

　シェールオイル／ガスの生産が急増したことで、採掘関連のビジネスは一大産業となった。ロックフェラーが石油産業を興したアメリカは、今でも石油・天然ガス産業が強大な経済力を維持している。ここにシェール革命が起こったことで、新たな成長路線が生まれつつある。

　チェサピークエナジー、デボンエナジー、マラソンオイルといった石油採掘企業はシェール革命後に急成長した。今ではエクソンモービルをはじめ大手メジャーが軒並みシェールオイルのビジネスに参入しているが、小規模プロジェクトの多かったシェールオイル採掘は小回りの利く独立系事業者に適したビジネスだった。

　シェールガスでも、EOGリソーシズ、オアシス・ペトロリアム、レンジリソーシズといった独立系石油・天然ガス開発会社が成長している。EOG（Enron Oil & Gas）リソーシズは、金融取引に事業資源を集中するために、石油・天然ガスの採掘から手を引きつつあったエンロン（2001年に会計不正操作により破綻）から1999年に独立した会社である。エンロンの金融取引ビジネスが破綻した傍らで、エンロンが手放した石油・天然ガスの採掘の分野で大きく成長したのである。アメリカのエネルギー産業の復活を象徴した出来事である。

▶ 波及するシェールの効果

　この他にも、水圧破砕技術を用いる掘削業者、ミッドストリームと呼ばれる基幹パイプラインまでの接続用パイプラインを運営する事業者、シェールオイル／ガスに焦点を絞った投資家などシェール関連ビジネスが隆盛となっている。国内での原油生産が減少したことで、アメリカの石油精製・石油化学産業は衰退しつつあったが、シェール革命で産業としての勢いを一気に復活させた。石油化学など関連産業の国内回帰、投資拡大も起こり、日本の信越化学工業は2015年にルイジアナ州で工場建設を決めた。

　シェールオイル／ガスは既存の石油・天然ガス産業の基盤の上で成立している。シェール層の水圧破砕技術と水平工法を除けば、既存の石油や天然ガスと同じように採掘され、同じように基幹パイプラインで輸送される。シェールオイル／ガスも伝統的な工法で採掘された石油や天然ガスも成分は

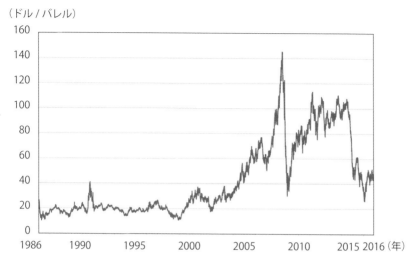

出所：EIA（アメリカ・エネルギー情報局）

図2-12　原油価格の推移

全く同じである。日本へのシェールガスの輸出が話題にされるが、基幹パイプラインに入った後のシェールガスは他の天然ガスと混合されているので、シェールガスという特殊なガスが輸出される訳ではない。要は比較的低価格で石油や天然ガスがシェール層から採掘できるようになっただけである。石油・天然ガス産業の生産力が上がり、競争力が高まったというのが正しい捉え方である。

　シェールオイルは2010年頃に爆発的に生産量を伸ばし、原油価格にも影響を与えるようになった。日量約2,000万バレルの原油を消費し、現状でも中国の日量1,200万バレルを上回る世界最大の石油消費国であるアメリカの原油価格さえも抑え込んだ（図2-12）。国際的な原油の価格指標であるWTIはアメリカの需給によって決まるため、アメリカの需給構造が変化すると国際的な原油価格にも反映される。その結果、アメリカのシェールオイルの掘削コストが原油価格の目安となり、2008年に1バレル140ドルを超えるまで高騰した原油価格は、2016年1月に1バレル30ドルを割り込んだ。シェールオイルの採算ラインは1バレル30ドルから60ドルに多く分布すると言われるが、その下限まで価格が下落したのである。

原油価格の高騰で潤った産油国の経済は総崩れとなり、オイル収入を維持するためには増産せざるを得なくなった。その結果、オイル価格は一層下落し、資源に依存する新興国では国民の消費も落ち込み、原油の下落に拍車をかけた。一方で、アメリカは安い原油を手に入れ、中東産油国依存から解放された。アメリカ経済にとっては良いことだが、中東への政治的な関心が弱まり、国際的な政治構造も影響を受けるようになった。アメリカ・エネルギー情報局（EIA）の2016年の年次報告書は、シェールオイルはアメリカ国内で、2030年まで日量1,000万バレルに近い安定した生産が維持されるとしている。

　天然ガスの価格は、シェールガスの増産の影響を受け、100万BTU（British Thermal Unit：熱量の単位）当たり2ドルを割り込み、1990年代の価格水準にまで低下した（**図2-13**）。天然ガスパイプラインが整備されたアメリカでは、他国に比べてシェールガスの価格が国内消費に直結しやすい。安いガスが生産されれば、需給バランスは容易に緩和される。シェールガスは国内需要を満たし、アメリカを天然ガスの純輸出国に変身させ、国際的な天然ガス価格に大きな影響を与えた。

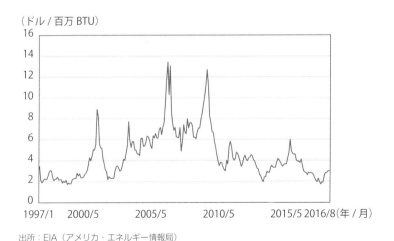

出所：EIA（アメリカ・エネルギー情報局）

図2-13　天然ガス価格の推移

天然ガス火力が急増

　シェール革命によりアメリカの天然ガス火力発電の発電コストは約7円/kWhと、原子力発電や石炭火力発電の約10円/kWhを下回る水準となり、発電の天然ガスシフトが顕著となっている。2016年には、天然ガス火力による発電量が石炭火力の発電量を上回ることが確実な情勢である（図2-14）。

　天然ガス火力の増加の背景には、広域でのパイプライン整備がある。ガス田が集中するペンシルバニア州、テキサス州、ルイジアナ州など東南部から全米に向けて天然ガスパイプラインが張り巡らされている。アメリカではオイルショック以降、原油採掘の随伴ガスの利用を広げるために、こうしたパイプラインが整備された。それが、シェール革命を後押ししたのである。その後、パイプラインの認可手続きが緩和されたこともあり、パイプラインが投資資金を引きつけている。

　パイプラインは天然ガスのコスト競争力の鍵を握る。石炭は低コストだが、鉄道やトラックによる輸送のコストが高い。パイプラインを効率的に整備すれば、天然ガスが石炭より経済的になる可能性がある。

　パイプラインの整備はトランプ政権下で加速する。トランプ大統領は就任早々、オバマ政権が中止したカナダからテキサス州までをつなぐキーストーンXLパイプラインと、ダコタ・アクセス・パイプラインの建設を許可する

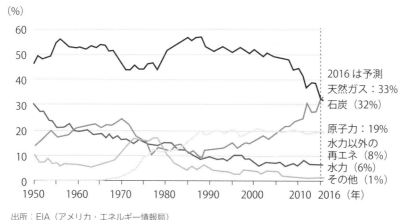

出所：EIA（アメリカ・エネルギー情報局）

図2-14　電源別発電シェア

大統領令に署名した。前者は、カナダ・アルバータ州のオイルサンドという粘質性の高い原油を採掘する際に、有毒性のある排水や泥が環境汚染を起こす可能性がある、との理由で反対されたプロジェクトだ。ダコタ・アクセス・パイプラインは、先住民の水源近くを通るため反対されたプロジェクトである。オバマ政権で実現が最も難しいと思われてきた両パイプライン計画が承認されたことで、天然ガスパイプラインの建設規制は実質的に大幅緩和されることになろう。

アメリカではガスを調達・供給する企業が発電事業を手掛けることが多いため、天然ガスの増産と価格低下は発電事業の拡大に直結する。シェールガスで天然ガス資源が増大したエネルギー関連企業が、収益拡大を目的に発電事業を行うケースも多い。伝統的にエネルギー分野に資金力のある企業が多いことも、こうした動きの背景にある。

オバマ大統領は2008年に就任するとグリーンニューディールの政策理念を掲げ、再エネ拡大のための政策を講じてきたが、シェールオイル／ガスの有望性が確認されると、シェールオイル／ガスの利用を後押しした。再エネの拡大を目指したものの、膨大な電力需要を擁するアメリカの電源シェアに、十分なインパクトを与えることができなかったことも背景にあろう。2012年から始まったオバマ政権の第2期目では、石炭火力から天然ガス火力への転換がエネルギー政策の中心となった。発電規模の大きい2つの火力発電のコストが逆転した時点で、政策的にも新たなバランスを模索するための転換が進んだことになる。

アメリカでも原子力発電建設の復帰が検討されているものの、思ったように進んでいない。東日本大震災以降、原子力発電に対する反対が強まった上、事故対策が厳しくなったためコストが嵩み、住民対策の負担も大きいからだ。コスト面ではすでに優位性を失っており、競争力を高めた天然ガスが原子力の伸び悩みを埋め合わせている。

▶ 石炭産業の雇用問題

石炭火力はシェールガスの増産で競争力が低下した上、地球温暖化対策で目の敵にされたため、オバマ政権下で一貫して縮小してきた。需要が落ち込んだ上、資源価格も下落して石炭産業は大打撃を受けた。2015〜16年に

かけて、アルファ・ナチュラル・リソーシズ、ピーボディ、アーチコールという4大石炭採掘会社の3つが破綻する事態に追い込まれている。石炭産業がオバマ大統領の政策やEPA（環境保護庁）の環境規制を批判したのも、石炭産業がこれ以上削れないところまで縮小したからなのである。

アパラチア山脈に沿って広がる内陸部の産炭地は伝統的に地域性が強く、産業資源に乏しいため石炭産業の不調は雇用問題に直結する。石炭産業は1800年代に、鉄鋼業や鉄道業と一体となって成長した。石炭を産出し、鉄道で輸送し、高炉で製鉄するサプライチェーンはアメリカの誇る強固な産業基盤となり沿線地域も発展した。移動用燃料で石油に首位の座を奪われた後も、製鉄や発電向けの需要で産業としての力を維持した。しかし、1980年代になると日本の鉄鋼業などに押されて、アメリカの石炭を原料とする鉄鋼会社は力を失い、石炭産業も影響を受けた。その後、産炭地を支えたのが石炭火力発電向けの燃料供給だったのである

トランプ新大統領が主張する石炭産業と関連雇用の維持は、エネルギー政策でも評価できる面がある。シェールガスの増産で天然ガス発電一辺倒とな

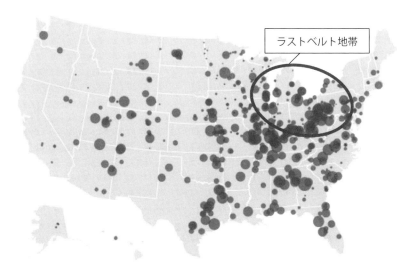

● 石炭火力発電所
出所：http://www.visualcapitalist.com/ に一部加工

図2-15　アメリカ全土の石炭火力発電の分布（2015年）

れば、電源ポートフォリオのリスクが高まるからだ。2016年12月にはOPECの減産合意を受け、原油価格が上昇に転じた。原油価格につられて天然ガス価格も上昇に転じれば、天然ガス発電のコストも上昇する。一定割合の石炭発電があれば発電コストの上昇を緩和できるが、石炭産業が破綻してしまえばアメリカの電力が割高になるリスクもある。共和党は民主党と比較して伝統産業を擁護する傾向にあるから、石炭産業がオバマ政権下で味わった悲哀から立ち直る可能性もある。

オバマ政権時代に石炭火力の割合は5割から3割まで下がったが、トランプ政権ではこの割合が回復する可能性がある。ラストベルト地帯のミシガン州、オハイオ州など24の州が、オバマ政権の石炭火力発電へのCPP（クリーン発電所）規制廃止を求める書簡をすでにトランプ新大統領に送るなど機運は高まっている。石炭火力はオバマ政権の地球温暖化対策でスケープゴートにされたが、ラストベルト地帯は寒冷地で経済力が低い地帯も多いため、石炭火力の安い電気は不可欠である。産炭地近くに集中する石炭火力発電所は石炭の輸送コストが安くコスト競争力が高い（図2-15）。

▶ 風力発電の急増

経済性優先のアメリカでも、一部地域では発電コストが6円/kWh程度まで下がったことで、風力発電の導入が拡大した（図2-16）。アメリカの中部はもともと風況が良く、人口密度が低く、平たんで広大な土地を抱えるため、風力発電の賦存量が大きく、経済性は高い。そこに、EUで先行的に大量導入されkWh当たりのコストが大幅に低下した、高さ100m発電容量3,000kW規模の大型風力発電が持ち込まれ大幅なコストダウンが実現した。

アメリカの風力発電の歴史は古く、エネルギー産業との関係も深い。1970年代、国内の原油生産が減少したところに、中東諸国の石油市場での支配力が高まりオイルショックが起こった。1977年にはエイモリー・ロビンスが書籍「ソフト・エネルギー・パス」で、オイルショックにより打撃を受けたアメリカ社会は再エネに活路を見出すべき、との方向を示した。

そこに、1970年代末のスリーマイル島の炉心溶融事故が重なって原子力発電所の新設停止が相次ぎ、風力発電ブームを起こったのである。アメリカは経済性に加え、エネルギー安全保障を重視するため、国産エネルギーであ

出所：エネルギー省（DOE）

図2-16　アメリカの風力発電のコスト低下

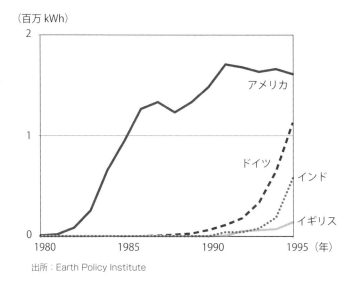

出所：Earth Policy Institute

図2-17　世界の風力発電容量の推移（1980-1995）

る風力発電に注目したという背景もある。

　1980年代には、サンフランシスコ郊外のアルタモント峠、テハチャピ峠、サン・ゴルゴニオに大規模なウィンドファームが作られるなど、カリフォルニア州が風力発電事業を先導した。その結果、アメリカは1980～90年代前

半にかけて、世界最大の風力発電導入国となった（図2-17）。

しかし、当時は、風況が必ずしも発電に適していないカリフォルニア州を中心にウィンドファームが建設されたため、風力発電のコストが高く1990年代に原油価格が1バレル20ドル台で安定するとブームは冷めていった。一方で、この時期の経験がアメリカの風力発電の高い潜在力を国の電源ポートフォリオに組み込む基盤となった。

産業構造で見ると、アメリカの風力発電は自動車産業が築いた基盤を活かして立ち上がっている。自動車産業を抱える5大湖の周辺地域で、ベアリングやギアなどの機械部品を生産する自動車部品産業が風力発電を新たなビジネス機会と捉えたのだ。背景には、日本企業などとの競争で劣勢に立たされた自動車産業の事情もある。風力発電のタワーやブレードのような大型パーツは、輸送コストを考えると、できるだけ風力発電サイトの近くで製造するのが効率的だったこともある。風力発電の将来性を見据えたGEは、2002年に破綻したエンロンの風力発電機器事業を買収し、発電タービンの製造を開始した。当初はエンロンの風力発電機器部門の前身であったカリフォルニアの部品メーカーを中心に事業を行っていたが、持ち前のサプライチェーンを活かして自動車産業からギアをはじめとする機械部品の調達を増やしていった。2000年代後半に入り、アメリカの風力発電市場が拡大すると、デンマークのヴェスタスやドイツのシーメンスなどがアメリカに製造拠点を作り、産業の裾野は一層広がることになる。

▶ 風力発電を支えた国・州の政策

政策面でアメリカの風力発電の立ち上げを支えたのは、1978年に成立したPURPA法（Public Utility Regulatory Policies Act、公益事業規制政策法）だ。オイルショック後に代替エネルギーの促進を目的に制定された法律で、国外の石油依存度を下げるために、80,000kW以下のコジェネレーションや再エネの電力を電力会社が購入することを義務づけた。

しかし、1986年に同法が失効して原油価格が下落すると、アメリカの風力発電は失速する。PURPA法下の再エネの買取は世界最初のFITとも言われた画期的なものだったが、買取価格が火力発電などからの購入価格（回避可能費用）以下とされていたため、原油価格の下落で火力発電の単価が低下

すると風力発電の収益性が一気に低下した。

　落ち込んだアメリカの風力発電の再立ち上げを支えたのは州レベルの制度だ。1990年代半ばに電力事業が自由化されると電源間の競争が激化し、コストの高い再エネが排除されかねない状況となった。そこで、各州政府はRPS（Renewable Portfolio Standard：電力会社に再エネ導入義務を割り当てる制度）を導入し始め、現在では30州に広がっている。RPSは2000年代後半に風力発電を増やす仕組みとして機能したが、再エネ導入量の上限があるため価格低下を招きやすく、投資が行われにくいという問題もあった。そこで、バーモント州など一部の州はFITを併用し、定められた導入量の中でも固定価格で再エネが調達されるようにした。

▶ トランプ政権下でも失速しない風力発電

　風力発電関連の産業は多くの雇用を生み出してきたから、トランプ政権になっても風力発電を拡大する政策姿勢が変わることはないと考えられる。欧州の風力発電メーカーは、風力発電の導入量が限界に近づく欧州からアメリカに生産をシフトするだろうが、雇用に寄与する企業の活動が制約されることはあるまい。ヴェスタスなどの欧州企業がアメリカに進出し、風力発電のタワーやブレードあるいはナセルの製造を行ったことで、国内の部品産業が育ち産業としての力を高めてきたという実績もある。

　今はわが世の春を謳歌するシェールガス産業も化石燃料である以上、いつか衰えが見えるときが来る。エネルギー安全保障を重視し、1970年代のオイルショック以来、一時的な停滞はあっても風力発電を拡大してきた歴史を見るにつけ、アメリカは今後も風力発電を重視していくはずだ。エネルギー省長官に就任したリック・ペリー元テキサス州知事は、テキサス州でシェールオイル／ガスの開発と並行して風力発電の導入を拡大し、雇用を増加させた実績を持つ。テキサス州知事としての最後の挨拶でも「テキサスで我々は雇用を選択し、エネルギー安全保障を優先した。いつの日か我々は敵対的な国のエネルギー源に頼ることに終止符を打つことになるだろう」と発言した。

　一方、カリフォルニア州では近年太陽光発電の伸びが大きい。すでに、州の電力需要の約8％が太陽光発電の電力で賄われているとされる。隣のネバ

ダ州でも、州の電力需要の5%を太陽光発電に頼っている。日本で年間日照時間が長い山梨県が2,400時間程度であるのに対し、カリフォルニア州には日照時間が3,300時間程度に及ぶ地域が多く、メガソーラーが急増しているのが理由だ。オフィスや工場も低層階でルーフトップ型の太陽光発電も普及している。しかし、アメリカ全体の電力需要の1%程度を賄っているに過ぎず、発電コストも相対的に高く、風力発電ほどの存在感を示すことは考えにくい。

▶ アメリカは1つではない

アメリカの電力市場の将来を占う上で重要なのは、地域によって電力システムの構造が異なることだ。1つの理由は送電網が東部と西部で分断されているためである。現状では、東部と西部を統合し、広い国土をカバーする送電網を整備する経済的な理由が見出せないため、送電線を統合する機運が生まれることはなさそうだ（図2-18）。

テキサス州は、東部・西部いずれの送電網からも独立している。メキシコから独立してアメリカ合衆国に組み込まれるまでテキサス共和国だった歴史

出所：資源エネルギー庁

図2-18　3つに分断されるアメリカの送配電網

を持つため、独立心が強い。エネルギーを自給自足する方針を堅持しており、電力についても独立した運用を行っている。東部送電網に含まれるテキサス以外の南部諸州も、東部とは異なる独自の経済圏を形成している。加えて、南部は伝統的にエネルギー産業の影響力が強く、シェールオイル／ガスの賦存量も南部に偏在している。

以上のような背景から各地域の特性を活かした電源が補い合うEUのような電力システムが形成する期待はできない。アメリカでは今後も東部・西部・南部が、独自のインフラや資源、経済産業、文化の事情を反映した電力システムを運営していくと考えられる。

▶ EU型の西部

エネルギーの資源・供給構造、産業構造、消費者意識などから、EUの電力システムの構造に最も近いのが西部である。東部・南部に比べると天然ガス資源が少なく、シェールガスの恩恵も少ない一方、内陸部のコロラド州、ワイオミング州、ニューメキシコ州、ユタ州、アリゾナ州は豊富な石炭資源を抱え石炭火力発電の割合が高い。ワシントン州、オレゴン州には豊富な水力資源もある。カリフォルニア州を中心に住民意識が高く、スリーマイル島の事故の影響を受け脱原発依存の意向も強い。地球温暖化対策をはじめ環境問題への意識が高く、次世代エネルギー分野でイノベーションを追求する企業家も多い。これらが、再エネ中心の電力システムへの転換を促す基盤となっている。

西部の内陸部は、風況が良く風力発電に適している。環境意識が高く脱石炭の指向を強めており、原子力発電の導入にも慎重で、シェールガスの賦存量も少ないため、風力発電への期待が大きくなる。風力発電の経済性が向上したこともあり、近年ではカリフォルニア州、ワシントン州、オレゴン州、コロラド州、アイダホ州、ワイオミング州などで風力発電の導入が加速している。コロラド州、アイダホ州ではすでに風力発電による発電量が電力需要の20％近くに達している。一方で、電源構成を見ると依然として石炭火力への依存度が高く、脱石炭を進めると他地域の電源に頼らざるを得ない。

EU型の電力システムを目指す西部で、EUにおけるドイツの役割を担っているのがカリフォルニア州だ。カリフォルニア州は風力発電だけでなく、

太陽光発電の導入にも力を入れている。結果として、州内の再エネ発電量は大きいものの、周辺州が変動調整を担う羽目になっている。カリフォルニア州の電力需要に対する風力発電の割合は10%未満だが、日照時間が長いためドイツに比べて太陽光発電の発電量が多く、両方を合わせると電力需要に対する再エネの割合は20%近くに達し、今後も拡大する傾向にある。その分だけ、周辺州の調整負担が増える。

　もっとも、EUが東欧を抱えるように、アメリカの西部も一枚岩ではない。内陸部には必ずしも環境意識が高いとは言えない州もある。再エネの拡大が電気料金を押し上げるようなことがあると再エネ導入が抑制される可能性もある。

▶ 伝統産業温存の東部

　アメリカの東部は石炭資源が豊富で、歴史的に石炭産業の影響力が強い。東海岸のニューヨーク州、ニュージャージー州、ペンシルバニア州には天然ガス資源、水力資源もあるが、東部全体としては石炭資源への依存度が高い。

　ペンシルバニア州のマーセラス・シェールガス田など低コストのシェールガスも多く、シェール革命の恩恵を受けてきたが従来型のガス田も豊富である。天然ガスのパイプラインのネットワークはアメリカ中に広がっているが、ガスの産地から近いほど輸送価格が安くなるため、東部では天然ガス火力発電所の建設が進んだ。

　一方、東部送電網に含まれる中西部の、アイオワ州、ミネソタ州、カンザス州、インディアナ州、ミシガン州、ウィスコンシン州などは風力発電の適地を豊富に抱える。風力発電の経済性が向上したことと、自動車産業以来の産業基盤を抱えていることで、風力発電の勢いが増している。

　東部の電力システムはアメリカで最もバランスのとれた構造を保っていると言える。石炭から風力まで多様な供給構造に支えられている上、西部のような地域内のアンバランスもない。トランプ新政権の下でオバマ政権時代の石炭産業への圧力が緩和される方向になれば、工業地帯や大都市を多く抱える東部は、そうしたトレンドを柔軟に電力システムに取り込んでいくはずだ。PJMのようなアメリカの電力自由化をリードする電力システムを運営してきた成果とも言える。

PJMは再エネの需給調整に節電を積極的に用いることで、電力システム全体の経済性を追求している。学校など節電が容易な需要家から節電分を買い取り、再エネの供給が低下する際の電力の不足を回避している。発電構成の意図的な誘導だけに頼らず、あらゆる手段を通じて経済的な電力システムを作ることを重視していることの表れだ。今後もアメリカの電力システムのモデルとしての地位を維持していくと考えられる。

▶ 資源経済の南部

　南部は農作物やエネルギー資源に恵まれ、独自の経済圏を築いてきた。保守的な土地柄で、相対的に見るとイノベーションを起こすような新産業の創出に必ずしも積極的と言えない面もある。テキサス州、ルイジアナ州は、伝統的に石油・天然ガス産業が盛んで、南部経済を支えている。石油／天然ガスの採掘の歴史が長く南部全般にパイプラインが行き渡っているだけでなく、エネルギー需要の多い東部にもガスを供給してきた。

　シェール革命の恩恵は南部全体に及び、パイプラインの整備を充実させた。フロリダ州では原子力発電の計画を天然ガス火力発電に切り替えるという動きも起こった。シェールオイル／ガスの増産で、エネルギー産業の勢いが増し、コスト競争力を増した大型の天然ガス火力発電所の新設がブームとなっている。

　天然ガス火力増設の割を食う形となったのが、原子力発電と石炭火力発電である。アメリカの投資家は短視眼指向なところがあり、シェールガスがブームになると石炭火力を閉鎖し、原子力発電所の計画を白紙にし、天然ガス火力を増設するといった行動をとる。オバマ政権がシェール革命を推進すると、南部地域はアメリカの中でも石炭火力の閉鎖数が多い地域となった。

　一方、テキサス州はアメリカで最も風力発電の導入量が多い地域でもある（図2-19）。風力発電の適地が多いにもかかわらず導入が進んでいなかったが、2008年にCREZ（Competitive Renewable Energy Zone）政策によって送電線整備が進むと、設備コストの低下と共鳴する形で風力発電が急速に普及した。CREZは将来導入が見込まれる風力発電に備えて先行的に送電線を整備する政策プログラムである。テキサス州は独立した送電網運用を行っている強みを活かして、迅速なインフラ整備を進めることができたのである。

出所：EIA（アメリカ・エネルギー情報局）

図2-19　アメリカ各州の風力発電容量（2015年）

　水力発電が極端に少ない南部地域は、ガス＆ウィンドパワーの特徴が際立つ電力システムとなりつつある。ガス＆ウィンドパワーは今後アメリカで最も普及する可能性のあるシステムである。賦存量が豊富で経済性も高い風力発電を大量に取り入れた電力システムが発達すれば、欧州の1.5倍の約4.5兆kWhの発電量を擁するアメリカの電力市場を背景に、世界の電力システムのモデルとなる可能性もある。

　このように、アメリカは3つの地域で電力システムの構造が異なる。パリ協定の国際議論には、こうした事情を踏まえて臨まざるを得ず、結果的に国内向調整を意識した対応になると考えられる。ドイツのような劇的な電力システムの転換は期待できないかもしれないが、ガス＆ウィンドパワーという次世代を代表する電力システムで世界を代表する市場になる可能性がある。

4 圧倒的な影響力を持つ中国市場

▶ 成長を続ける中国

　経済成長が鈍化したとはいえ、中国は2016年も6.5％程度のGDP成長を維持し、今後も同程度の成長を見込んでいる。通商白書2016によれば、2015年の第2次産業の成長率は6.0％を維持し、第3次産業は8.3％の高い成長率を示した。最終消費も5％近い成長率を示しており経済基盤は堅調と言える。

　一方で13億人の人口を抱える中国には、いまだ農村経済から工業化、サービス化の過程にあるという面もある。貧富の差が広がり過ぎないように、工業・サービス業で雇用を創出し続けることは中国政府の重要な政策課題である。まずは北京、上海、広州、深圳といった主要都市や天津、重慶といった政府直轄市が成長を牽引して、南京、蘇州、厦門などの成長が続き、近年、成都、杭州、武漢への本格的な公共投資が本格化している。日本と違いまだまだ公共投資による成長の余地が大きい。

　1990年代に農業人口が60％を超えていた中国は、工業化を進めることにより、毎年1,000万人近い雇用を工業分野で産み出し、10％程度の経済成長を達成してきた。2000年代からサービス産業にも力を入れたことで、2015年には農業人口が28.3％まで低下した。それでも、先進国の農業人口が5％を切る（アメリカ1％、ドイツ1.5％、フランス3％、日本3％）ことを考えると、工業化・サービス化が依然として中国の重要な政策であることに変わりはない。2016年から始まった第13次5カ年計画でも、工業化、サービス化の方向を維持しつつ、2020年まで6.5％以上の経済成長を保つことを目標としている。

　中国がこのまま経済成長を続ければ、2030年までにGDPでアメリカを上回り、世界最大の経済大国になる可能性がある。それでも1人当たりのGDPはアメリカの4分の1以下に過ぎないため、見方を変えると中国には2030年以降も成長を続ける潜在力がある。

▶ 中国のエネルギー問題

　経済成長を支えるために中国が必要とするエネルギーはますます増大する。すでに、1次エネルギー消費量は2010年にアメリカを抜いて世界最大となり、以降も増加の一途にある。電力需要は年間5.8兆kWhを超え日本の6倍近くであり、2030年には8.3兆kWhと日本の約8倍に達すると予想される。

　膨大なエネルギーを必要とする中国は安価な石炭に頼らざるを得ない。重化学工業のようなエネルギー多消費型産業を抱えながら、国際競争力を維持するにはエネルギーコストを抑え続ける必要がある。中国は多くの産炭地を擁し、安定した供給ルートもあって石炭火力発電のコストが低い。現状、1次エネルギー消費量の7割を占めている石炭のシェアが簡単に下がることは考えられない。

　日本と違い、家庭用電力の価格が産業用より低く抑えられていることも中国の電力システムの特徴だ。共産党政府設立当初から、国民生活に直結する物価の安定を最重要施策としてきた政策姿勢が電力価格にも反映されている。だからといって、産業向けの電力価格に家庭用で犠牲にした利益を転嫁するわけにもいかない。産業競争力の維持と共産党の政策姿勢の狭間で、やすやすと発電コストを高める訳にはいかないのが中国の電力事業である。

　エネルギー安全保障上も石炭の位置づけは重要だ。中国は、1950年代のアメリカとの国交正常化前、1960年代の中ソ対立、中印国境紛争などを経験し、エネルギー資源を海外からの輸入に頼る危険性を認識してきた。エネルギーセキュリティの面からも国内に豊富に賦存する石炭を排除することは考えられない。

　2000年代を迎えて中国のエネルギー資源の爆食が問題となったが、中国はれっきとした資源国であり、資源国としての政策がある。特に、石炭については1,400億トンを超える世界第3位の可採埋蔵量があり、可採年数は40年を超える。産出量で見ると、アメリカ、インド、オーストラリアを抑えて世界最大であり、第2位のアメリカに4倍以上の大差をつけている。安価な石炭が、原油価格が上昇を続けた2000年代に鉄鋼、機械、電機・電子などの産業を支えたという歴史もあり、産業としての影響力も大きい。

　問題は、経済成長の結果、資源消費量が豊富な国内生産をも上回るように

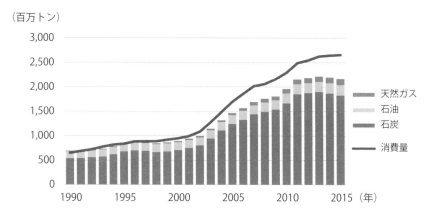

注:国内消費量は石炭・石油・天然ガスの合計
出所:BP統計

図2-20　エネルギーの国内消費量と国内生産量(石油換算)

なった点である(**図2-20**)。1978年の改革開放以来、経済成長率は年平均8%に達し、エネルギー消費が跳ね上がった。石油については、1980年代までは大慶の油田からパイプラインで大連まで原油を輸送し日本などへも輸出していたが、1993年には純輸入国となった。今でも大慶などで日量400万バーレルの原油を生産しているが、国内需要はその3倍にもなる。天然ガスも1,400億㎥弱を生産(世界第6位)しているが、国内需要は2,000億㎥に達し増加し続けている。石油や天然ガスの国内需要の過半を海外に依存している状況で、石炭から石油や天然ガスへの切り替えは限定的にならざるを得ない。

▶ 石炭産業の雇用問題はアメリカ以上

　中国にとって石炭は雇用の観点からも重要な産業だ。石炭産業は典型的な労働集約型産業である上、産炭地が山西省など地方部に分散しており、地域の雇用を支えている。石炭産業が衰退すれば、産炭地は深刻な雇用問題を抱えることになる。中国政府は、鉄鋼などの重化学工業が経済成長を支える過程で、農村部の郷や鎮による石炭採掘会社の立ち上げを奨励してきた。市場経済政策の下で非効率な石炭採掘会社は閉鎖の憂き目に遭ってきたが、経済成長による需要増で産業としての基盤を維持してきた。現在でも石炭採掘会社は7,000社に上り、石炭産業に従事する労働者数は400万人を超える(**表**

表2-2 石炭産業の雇用者数推移

(単位:万人、%)

年度	1985年	1990年	1995年	2000年	2006年	2007年	2008年	2009年	2010年	2011年
全国合計	513.7	549.4	510.0	426.6	361.2	360.6	364.6	378.8	388.3	419.4
河北省	8.6	8.7	7.9	7.1	5.5	5.3	5.5	5.2	5.2	4.9
山西省	10.5	11.1	12.9	14.1	18.6	19.2	19.4	19.6	20.3	20.2
内モンゴル	3.6	3.7	4.0	4.3	3.5	3.5	3.6	3.6	3.7	3.9
遼寧省	76	73	68	58	45	44	45	44	43	39
黒龍江省	7.2	7.6	8.5	8.2	9.6	9.7	8.5	80	7.6	7.2
安徽省	5.6	5.9	6.2	6.3	7.5	7.3	7.3	7.4	7.7	7.6
山東省	7.5	7.6	7.9	9.3	11.4	11.2	12.0	11.9	12.3	11.7
河南省	8.8	8.6	8.2	9.6	10.2	10.5	10.2	10.5	10.2	11.5
湖南省	4.0	4.0	3.9	3.3	2.3	2.4	2.7	2.9	2.8	2.5
四川省	7.0	7.2	3.9	3.9	3.9	3.9	3.9	3.5	3.1	3.1
貴州省	2.4	2.1	2.0	1.9	2.6	2.6	2.5	2.9	2.9	2.9
陝西省	3.5	3.3	3.4	2.7	2.6	2.6	2.8	3.0	3.0	3.1
比率	76.1	77.0	78.7	76.5	82.3	82.5	82.9	82.8	82.9	82.6

出所:RIETI(独立行政法人経済産業研究所)

2-2)。これだけの規模と歴史を持つ石炭産業に、安易に雇用問題を発生させるような政策を取ることはできない。

一方、世界的な景気減速で、中国の石炭産業の設備過剰と非効率さが顕在化し、大手石炭採掘会社への集約や生産設備の刷新が進められている。第12次5カ年計画では神華集団、中煤能源集団など1億トンの生産規模を持つ大手20社程度への集約化が進められ、生産の60%程度を担わせる計画が立てられた。それでも、2015年末の生産能力57億トンのうち20億トンが余剰とされ、10億トンの生産能力削減が計画されている(図2-21)。

このように国内生産力の余剰問題を抱えるが、中国は石炭の輸入国でもある。エネルギー需要の中心である東部や南部へ鉄道で石炭を運ぶ内陸部の産炭地のコスト競争力が、海上輸送で効率的に石炭を輸入できるベトナムなどの海外産炭地に劣るからである。その一方で、高品質の石炭を供給できる最大手の神華集団が日本の東北電力に石炭の供給を始めるなど、中国の石炭産業の盛衰はまだら模様になっている。

2016年10月に石炭価格が高騰すると、政府は競争力のある石炭大手に増

第2章 再エネの行方を決める3大市場の動向

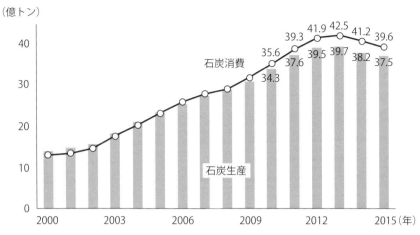

出所:「中国エネルギー統計年鑑」各年版、2015年は中国国家統計局2016年3月4日公表数値
JOGMEC（独立行政法人石油天然ガス・金属鉱物資源機構）

図2-21　中国の石炭輸出入と価格

産命令を出した。世界の石炭の約半分を消費する中国の生産、消費、輸入は、石炭の国際市場価格に直結する。中国政府の方針が世界の資源市場に影響を与えるようになっている。石炭産業は形を変えて、中国の政策で重要な位置づけを維持し続けているのである。

▶ 石炭依存が引き起こす環境問題

石炭が中国経済と密接な関係を保ちつつある半面、過度な石炭依存が中国の成長の制約となりつつある。PM2.5による大気汚染は、これ以上悪化させられないところまできている。2013年9月には国務院、環境保護部、国家発展改革委員会が「大気汚染防止行動計画」を公表し、2017年までの5年間にPM2.5の濃度を、北京市、天津市、河北省では約25％、長江デルタでは約20％、珠江デルタでは約15％低下させる目標を設定したが、2016年時点で北京市、上海市などは目標を達成していないと見られる。

CO_2、SO_2（二酸化硫黄）、NO_x（窒素酸化物）の排出量も世界一であり、超大国を目指す中国政府としては、環境問題をこれ以上放置することはできなくなっている。

中国政府は、環境悪化の原因である石炭消費産業への規制を強めている。

2015年に改正された大気汚染防止法では、基準品質未達の石炭の利用を禁止したり、硫黄成分の高い石炭の利用に際しては選洗加工設備の設置を義務づける、などによる大気汚染対策が示された。石炭火力発電については、既設発電所の石炭消費量平均で1kWh当たり310g以下、新規発電所については300g以下にするための高効率化を進める方針を掲げている。

地球温暖化対策の観点からCO_2の削減目標を定め、石炭から他の電源への転換を図る方針が示されているが、石炭火力発電所を減らすための明確な目標はない。第13次5カ年計画ではGDP当たりのCO_2排出量を18％削減することを目標としているが、石炭火力の高効率化やエネルギーの増加分を他電源で賄うなどの政策で対応すると考えられる。

▶ 国策の石油・天然ガス産業育成

中国政府は石炭の代替やエネルギー需要を賄うため、石油・天然ガス産業を強化してきた。1970年代には大慶、勝利、遼河といった国内の3大油田が開発され、1990年代後半から長慶、タリム、四川、新疆などで大規模ガス田が開発された。

1990年代に資源制約のリスクが指摘されると、中国は中東のみならずアフリカや中央アジア、さらにアメリカの庭と言われる中南米にも、石油、天然ガス資源の権益確保に走った。江沢民国家主席は、1990年代後半から2000年代初頭にサウジアラビア、イラン、カザフスタン、トルクメニスタン、ベネズエラ、ブラジル、ナイジェリアなどの国から石油供給の協力を取り付け、引き継いだ胡錦涛国家主席も産油国との関係を深め、ロシア、ウズベキスタン、ケニアなどに資源外交を拡大した。時には、欧米から批判されたアフリカの独裁政権とも手を結んだ。

そのために、2000年前後から国策石油会社、天然ガス会社の強化を進めた。海外展開の先兵となったのは中国石油天然気集団公司（CNPC）、中国石化集団公司（Sinopec）、中国海洋石油総公司（CNOOC）だ。これらの企業が、中部電力などがカタールと交渉していたLNGの主導権を奪い、アメリカのエネルギー産業や大学に人材を派遣するなどで欧米企業との関係を強化した。一方で2005年に、中国海洋石油総公司がアメリカの石油会社ユノカルを185億ドルで買収提案した際に、アメリカ下院議会がブッシュ大統領

に審査を求めるなど海外との摩擦も生まれた。

▶ 天然ガス調達のための一帯一路

　習近平政権が進める重要政策の1つがシルクロード（一帯一路）政策だ。中国が世界の中心であった頃、中国と欧州を結んだシルクロードになぞらえ、陸のシルクロード（一帯）と海のシルクロード（一路）に沿って中国経済圏を構築しようという政策だ。圧倒的な経済力を背景に、こうした地域で道路、鉄道、空港、港湾などのインフラ整備を進め、過剰設備を抱える鉄鋼・セメント業界の市場創出を図ろうとしている。

　一帯一路政策で、交通分野に次いで重視されているのが、石油・天然ガスパイプラインなどのエネルギーインフラだ。中東からの海上輸送は、マラッカ海峡の安全航行、南沙諸島周辺の領有権問題などの問題を抱え、エネルギー資源の安定供給に懸念が残る。内陸部のエネルギー輸送ラインの確保は、安定成長を目指す中国にとっての悲願である。

　中国の資源獲得目標は着実に実現されている。約17兆m^3と世界第4位の天然ガス埋蔵量を持つトルクメニスタンから、ウズベキスタン、カザフスタンを経由して新疆に至る天然ガスパイプラインは、シルクロード政策以前から整備が始まり最近完成した。宗教的な抑圧が厳しかったロシア帝国から旧ソ連の時代を経てようやく独立し、ロシアと距離を置きたい中央アジアのイスラム教の国々に対して、中国政府の全面支援の下、中国石油天然気集団（CNPC）が各国政府と共同で整備を進めた。トルクメニスタンから、タジキスタン、キルギスを経由する新ルートの建設も進められ、将来は合計で年間850億m^3の輸送能力を持つパイプラインが整備される。これらは中国に入ると西部から東部の需要地に石油や天然ガスを運ぶ「西気東輸」のパイプラインにつながることになる（図2-22）。

　中央アジアからのパイプラインが整備されたこともあり、中国の天然ガス消費量は年間1,900億m^3まで増えている。2000年代前半から家庭向けに健康被害の原因となっている石炭から天然ガスへの転換を促す政策が進められたことも、天然ガスの消費が増えた理由である。ここでも、家庭向けのガス小売価格は産業用に比べて割安に設定されている。

　一帯一路政策の1つの問題は、中国国内までの2,000kmのパイプラインと

出所：JOGMEC（独立行政法人石油天然ガス・金属鉱物資源機構）

図2-22　中央アジアからの天然ガスパイプライン整備

中国国内の4,000kmを超えるパイプラインのコストである。中国国内までのパイプライン使用料は150ドル／千㎥（1ドル=100円換算で15円／㎥）と言われ、国内のパイプライン使用料が加わると、1,000ドル／千㎥以下の小口販売のガス料金の3～5割を占める可能性があるとされる。中国石油天然気集団は、中央アジアからの天然ガス供給事業で赤字を計上しているという指摘もある。中国は年間2億トン近くの天然ガスを産出する世界第6位の産ガス国だが、石炭から天然ガスへの転換を図るためには輸入に頼らざるを得ない。現状でも資源市場に影響を与えているが、中国の需要を考えると、天然ガス資源への食指はまだまだ試食程度というレベルだ。

▶ 膨大な風力発電の可能性

化石燃料の調達は、中国国内でも他国との関係でも難しい課題を喚起する上、コスト面でのリスクも少なくない。そうした中、中国政府が重視してきたのが再生可能エネルギーの開発である。中でも、内モンゴルなどに風況の良い広大な土地を擁する風力発電の開発に注力してきた。

中国の風力発電開発は2005年の第10期全国人民代表大会常務委員会において、「再生可能エネルギー法」が採択されたことをきっかけに拡大した。2015年末時点で設備容量1億4,536万kWと、EUの1億4,158万kWを上回っ

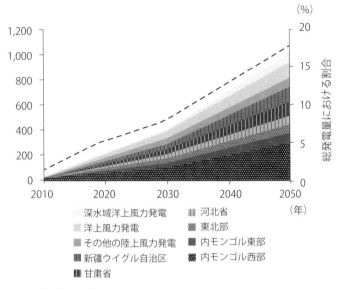

図2-23 風力発電の導入拡大シナリオ

た。2013年頃は大差がなかったアメリカの2015年の設備容量は7,447万kWであり、中国に大きく引き離されている。国務院のエネルギー発展第13次5カ年計画（2016〜20年）に示されている2020年の2億kWという風力発電設備容量の目標は楽々達成されると言われている。

　風力発電が計画を上回るほど普及した最大の理由は、風力発電の発電コストが6.2〜7.0円/kWhと、天然ガス火力（CCGT）の9.5円/kWh、石炭火力（超臨界）の7.9円/kWhを下回ったことである。中国の初期の風力発電は都市部に近い地域に建設され、設備容量も小さく効率も低かった。近年は、新疆ウイグル自治区や内モンゴル自治区、青海省、甘粛省などの西部地域で大規模な風力発電基地が建設されている（**図2-23**）。これらの地域は平坦で広大な土地が広がる上、列車転倒が起こるほどの強風地帯で世界有数の風力発電の適地とされる。さらに人件費が安く、平たんで土木工事費が低いため、他国・地域に比べて発電コストを低く抑えることができる。

　中国政府の再エネ支援政策も有効に機能した。2006年に施行された「再生可能エネルギー法」では、再エネの開発と利用を優先する方向性が示さ

れ、送配電会社（電網会社）は再エネの全量買取を義務づけられた。加えて、国家発展改革委員会が2014年に示した「陸上風力発電固定売電価格調整に関する通知」で、風力発電の買取単価が0.49～0.61元/kWhと定められたことで、2014～15年に風力発電の導入が急増した。

　発電事業の自由化も風力発電拡大に寄与した。中国は2002年に発電事業を送配電事業・小売事業から分離し自由化した。自由化前の国家電力総公司の発電事業が分離された中国華能集団、中国大唐集団、中国国電集団、中国華電集団、中国電力投資集団の5大電力が中心となり、積極的な発電投資を行った。当初は石炭火力中心であったが、中国国電集団が風力発電事業に注力したことをきっかけに、大手発電事業者による風力発電への投資が拡大した。一方、発電事業への新規参入者は石炭火力発電では5大電力に勝ち目がないこともあり、再エネに注力した。こうして、風力発電事業は大手と新規参入者が競い合う活気のある市場となった。

　中国でも送電網整備が風力発電の課題となっている。風力発電の適地と需要の多い沿岸部を結ぶ十分な送電容量が確保できていない。そのため、風力発電からの電力を一時放電するなどの措置をとったこともある。

　しかし、送電会社を国営企業として温存してきたこともあり、中国には巨大な資金力を国の意思の下で送電網整備に投入できる強みがある。内陸部の水力発電の電力を東部に送るための西電東送（西部で発電し東部に送る）政策を進めてきたことも、ここに来てプラス要因となっている。今後、西部や洋上での風力発電の導入量が増大していくと、さらなる送電網投資が必要となるだろうが、送電網が細かく分割されている日本に比べると風力発電の受け入れ容量の限界値が高くなる可能性もある。中国の風力発電の導入量の現状を考えると、西電東送の送電網が完成すれば、当分の間風力発電の導入量が容量クレジットの限界には至ることはないだろう。

▶ 風力発電機器メーカーは世界を制覇する

　国内の巨大な需要を背景に、中国の風力発電設備メーカーは大きく成長した。2015年には、世界トップ10の風力発電機器メーカーのうち5社を中国企業が占めている（図2-24）。世界一にいるのは、新疆ウイグル自治区のウルムチを本拠地とする国有企業の新疆金風科技（ゴールドウィンド）であ

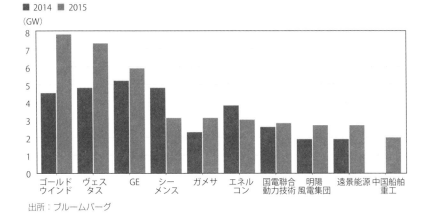

図2-24　世界の風力発電機器メーカートップ10

る。これまで風力発電業界を引っ張ってきたデンマークのヴェスタスやアメリカのGEを押さえ、2015年に世界最大の風力発電設備の導入量を達成した。風力発電の適地である新疆ウイグル自治区を本拠地とする優位性を活かしつつ、1998年から地道に技術を開発し、2008年にドイツのヴェンシスを買収するなど、先進技術の取り込みと海外展開を加速した成果が出た。

2015年世界第8位の中国明陽風電集団（ミンヤン）は、インドのリライアンスグループの子会社グローバル・ウィンド・パワーを買収し、インド市場への進出も果たした。中国明陽風電集団（ミンヤン）はかつてヴェスタスの買収が噂されるなど、海外展開の意欲が強い会社として知られる。

事業の急拡大を背景に洋上風力に乗り出す例も出ている。中国の風力発電の設備容量のうち、洋上風力のシェアは1％とEUの8％にはるかに及ばないが、世界第7位の国電聯合動力技術（ユナイテッドパワー）は6MWの最新洋上風力発電設備を山東省のサイトに投入した。陸上風力発電市場の帰趨が見え始める中で、今後拡大が見込まれる洋上風力に注力する戦略と言える。

世界第9位の遠景能源（エンビジョン・エナジー）は、ニュージーランドで習近平国家主席とジョン・キー首相臨席の下、ニュージーランドのインフラティル、センシング・シティとIT制御された風力発電を整備する覚書を締結した。風力発電のマネジメントシステムでも中国企業の躍進は急だ。

世界第10位の中国船舶重工（CSIC）は造船メーカーとしても長い歴史を

持ち、機械部品の製造に強みを有している。一方で、2014年に世界第2位を占めていた華鋭風電科技（シノベルウィンド）が2015年に世界トップ10から姿を消し、債券デフォルトの可能性が報道されるなど、市場競争が激しくなっている。

▶ 風力発電が太陽光発電も牽引

　風力発電に比べるとエネルギー政策上の位置づけは大きくないが、太陽光発電も拡大を続けている。2015年末の累積導入量4,300万kWは世界最大である。風力発電の適地である内陸部は日照時間が長く、太陽光発電の適地でもある。風力発電の導入で送電網が整備されれば、太陽光発電の事業環境も整うことになる。

　太陽光発電でも、2015年の世界の太陽電池トップメーカー10社のうち4社を中国企業が占める。中でもトリナソーラーは2年連続で首位を維持し、欧州企業の買収を含めた拡大戦略を続けている。同社に第2位のJAソーラー、第7位のインリーが続く。一時、隆盛を誇ったサンテックは経営破綻したが、江蘇順風光電科技に買収され順風サンテック（Shungfeng-Suntech）として再生し、第10位にランクされている[2]。

　現在のこうした中国の上位メーカーは2000〜05年前後にかけて設立されている。トリナソーラーは1997年、インリーは1998年、サンテックは2001年、JAソーラーは2005年の創業だ。2000年からFITを導入し、2004年に本格化したドイツ市場に、中国の太陽電池メーカーは早くから参入し、急成長した。中でもベンチャーキャピタルや無錫市政府の支援を受けたサンテックは、中国太陽電池業界の優等生であった。サンテックはニューヨーク証券取引所への上場を果たし、上場による資金調達で急成長を支えた。海外市場をてこに、太陽電池メーカーは風力発電メーカーよりも先に世界市場の上位に躍り出たのである。

　その一方、2010年頃まで中国国内市場は導入量が伸びず、太陽電池メーカーの隆盛とは対照的な状況となった。リーマンショック以降は、投資家の資金調達が滞り、EU市場が減速すると中国製の太陽電池が港の倉庫に山積

---

[2]　Renewable Energy World「2015 Top Ten PV Cell Manufacturers」2016年4月8日

みされるようになり、中国太陽電池メーカーは過剰設備と過剰在庫を抱える状態となった。さらに、2012年に、アメリカとEUが中国製太陽電池に反ダンピング課税を行うと、中国メーカーは一気に経営危機に陥り、サンテックは2013年3月に破綻した。

　国務院は2013年7月、太陽電池メーカーの過剰設備問題を解消するために「太陽電池産業の健全な発展に関する若干の意見」を公表し、業界のテコ入れを表明する。ここに至って、ようやく中国国内の太陽光発電市場が立ち上がる。風力発電の適地となった新疆ウイグル自治区や内モンゴル自治区、太陽電池メーカーが多数存在する江蘇省を中心に導入が拡大した。風力発電の拡大のための送電網整備に連動する形で、太陽光発電の導入を進めたことが功を奏した。こうして、2015年に、中国の太陽光発電導入量はドイツを抜いて世界最大となったのである。

▶ 石炭＋風力の構図

　エネルギー供給だけで考えれば、コール＆ウインドパワーが中国のエネルギー戦略の中心となる。中国は低成長のEUとは全く異なる状況下にあり、石炭利用を維持するであろうアメリカ以上に石炭依存が避けられない。脱石炭は経済成長率と負の相関があるようだ。2030年でも電源構成における石炭火力の割合は5割を超えると考えられ、石炭を高効率化しながら、風力発電を拡大していくことになろう。

　もちろん、天然ガスの導入も拡大するが、成長のための旺盛なエネルギー需要を補う形でシェアを伸ばすと考えるのが妥当だろう。風力を追いかける形で太陽光発電の導入も進む。風力と太陽光を合わせた再エネの導入量は世界最大規模となり、現在までの上乗せ分を考えると、中国が世界最大の再エネ市場となることは間違いない。その分だけ、中国の風力発電、太陽光発電メーカーは世界市場でのシェアを拡大するはずだ。

　しかし、こうした再エネの拡大をもってしても、2030年頃の再エネのシェアは13％程度に留まる。石炭を中心に水力、天然ガス、風力、太陽光を含む他の再エネ、そして原子力と多様な電源が位置づけられるポートフォリオを形成することになる。

5 EUを抜き３大市場となるインド市場

▶ 静かで着実な成長

　中国に次ぐ市場として期待されるインドだが、経済規模はいまだ中国の5分の1以下にとどまっている。一党支配の中国と違い、連立政権下の民主的な議会で合意重視の政治が行われ、意思決定に時間がかかるのも1つの理由だ。

　もう1つの理由とされているのが、交通・エネルギーインフラに莫大な投資を行って、投資規模が大きい鉄鋼・化学などの重化学工業を誘地し、一気に経済成長を図ったかつての日本や中国のような経済アプローチを取らなかったことだ。その分だけ、経済に与える短期的なインパクトが小さくなる。

　しかし、この10年間にインドは平均7%超の経済成長を達成し、アメリカやEU、中国、日本に次ぐ経済規模を持つに至った。リーマンショックの際に、経済成長率が4%を切ったときもあるが、2010年には10%に回復した。直近3年間の経済成長率は7%を超え、6%台に落ちた中国を上回っている。インフレのリスクを指摘する声もあるが、経済成長が安定してインフレを克服してきた。

　インド経済の特徴は、IT産業をはじめとする第3次産業に支えられていることだ。2014年度のGDP成長率7.1%のうち、第3次産業の寄与度は5.3%に達し、経済規模に占める比率も50%を超え、第2次産業の20%台を大きく上回っている。先進国から依頼されるソフトウェア生産やアウトソーシングなどのIT産業が成長を牽引する経済構造は、東アジア諸国の成長モデルと一線を画している。

　中国の一人っ子政策のような人口抑制政策がないため、人口が増加の一途をたどっていることも経済成長を押し上げている。現在でも、労働人口は年1.5%程度で増加しており、インドはいまだ人口ボーナスの期間にある。教育水準の格差が大きく、中国と肩を並べる人口が簡単に雇用に結びつかない

問題が指摘されてきたが、最近は識字率も着実に改善している。

2014年にインド人民党（BJP）のモディ政権が誕生して以来、経済成長への期待が一層高まっている。モディ政権は、経常収支や財政規律などマクロ面での改善に並行して、懸案だったインフラ整備についても道路整備や新幹線の導入などに力を入れてきた。IT産業は高学歴層を中心とした雇用を作り出し、インド経済を牽引してきたが、モディ政権は組立産業など労働集約型の産業の誘致に力を入れ、幅広い層の雇用を生み出そうとしている。

▶ エネルギー需要で2040年にEU超え

インドのエネルギー需要は経済成長を反映して急増している。年間電力需要は、2014年にはロシアを上回って日本と並び、中国、アメリカ、EUに次ぐ地位になっている。他国の経済成長が止まっている間も成長を続けてきたことが、エネルギー分野での存在感を高めた。

2030年まで、インドの年間電力需要は3大市場に届かないが、IEA（国際エネルギー機関）の見通し（World Energy Outlook）によると、2040年のインドの電力需要は3.4兆kWhと、中国の9.1兆kWh、アメリカの4.5兆kWhには及ばないものの、3大市場の仲間入りを果たすとされている（**図2-25**）。

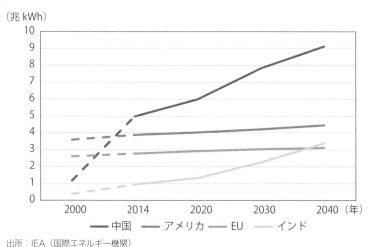

出所：IEA（国際エネルギー機関）

図2-25　3大市場とインドの年間電力需要の予測

2000～14年の電力需要の増加率が、中国10.9％、インド6.9％であったのに対し、2014～40年の予測では、中国2.4％に対して、インドが5.0％と逆転するほどの成長が理由だ。2030年頃には人口でも中国を上回り、市場として注目度が確実に高まる。

▶ 非資源国の悩み

　インドのエネルギー構造の問題は、需要に対して国内資源が少ないことだ。石油や天然ガスの生産量は世界の20位台に留まっており、中国以上にエネルギー資源の不足が深刻だ。天然ガスの埋蔵量はマレーシアと同水準だが、開発が進んでいない。エネルギー資源とインフラの開発には、長期にわたる政府予算の投入と海外からの投資が必要だが、政策の具体化の遅さが災いしている。

　インド石油ガス公社（ONGC）やリライアンスグループなど国内勢による開発も行われているが、旺盛な需要を支えるには十分ではない。オーストラリアのダート・エナジーがインド市場から撤退したように、海外企業が州政府の認可の遅さ、インド企業との合弁の難しさ、地元からの反発などで事業を断念する例も多い。シェールガスの開発については政府の認可が出ているが、農業国でもあるインドでは地下水汚染を懸念する声が環境保護団体から上がっており、実行は容易ではない。

　インドは歴史的に、外国企業が関わる事業の決定に時間がかかってきた。2000年にアメリカ企業のエンロンが進めたダホール石炭火力プロジェクトは、マハラシュトラ州政府との間で何度も話が振り出しに戻り、エンロンの国際部門の行き詰まりとエンロン破綻の一因になったと言われる。

　中国が海外で2,000kmを超えるパイプラインを整備してきたのに対して、国境を超える天然ガスパイプラインの整備も進んでいない。2014年、インド国営ガス公社（GAIL）は、トルクメニスタンからアフガニスタン、パキスタンを経由した天然ガスパイプラインの建設について各国国営ガス会社と合意した。世界第4位の埋蔵量を誇るトルクメニスタンの天然ガスを調達できれば、エネルギー安定供給に大きく貢献する。しかし、この事業も順調に進むとは限らない。過去にも、イランからパキスタンを経由してインドにつながるパイプライン計画がとん挫したこともある。パキスタンまでつながれ

表2-3　インド石炭産業による海外資産取得

企業名	投資先		年	投資規模
	国	企業/プロジェクト		
コール・インディア	モザンビーク	テテ州鉱区	2009	―
	アメリカ	ピーボディの一部権益取得（交渉のみ）	2010	約200億円
	南アフリカ	南アフリカ鉱山公社共同プロジェクト	2016	―
アダニ	オーストラリア	クイーンズランド州ガリラヤ炭鉱	2010	約2,300億円
		カーマイケル炭鉱開発プロジェクト	2015	―
ランコ・インフラテック	オーストラリア	グリフィン・コール・マイニング	2011	約1,000億円

出所：各種資料より筆者作成

るはずだったパイプラインはパキスタン国内で止まったままだ。イランの関与を嫌うアメリカの影響もあったとされるが、国民の8割が信徒であるヒンドゥー教のインドが、イスラム教のパキスタンと宗教対立を繰り返してきたことも理由とされる。

　石炭については、中国、アメリカに次ぎ世界第3位の生産量を誇っている。炭鉱開発はイギリスの植民地時代に始まり、石炭産業は鉄鋼業に石炭を供給してきた歴史ある事業である。安価で品質の良い石炭が採掘され、今でもエネルギーの中心となっている。政治の混乱で一時的に採掘が停滞した時期もあるが、これまで石炭を超えるエネルギーの選択肢はなかった。

　産業面で見ても、石炭はインドの主要産業の1つである。インド石炭公社（コール・インディア）、発電火力公社（NTPC）といった国営企業、アダニ、ヒンダルコ・インダストリーズなど、数多く有力企業が多額の生産と多くの雇用を生み出している。中でも、コール・インディアは世界最大の石炭生産量を誇る。インド石炭企業はインドの旺盛な石炭需要を背景に海外へも進出しており、モザンビーク、南アフリカ、オーストラリア、アメリカなどで採掘権の獲得に乗り出している（表2-3）。

▶ モディ政権の電力改革

　モディ政権が電力改革を進めたことで、電力供給の改善が期待されている。2012年に大停電が起こるなど、電力供給不足はインド経済の大きな課題であった。2014年に就任したモディ首相は、グジャラート州知事時代の約10年間で電力供給を3倍にし、送電網の整備を進めて停電ゼロを実現し、産業誘致を進めたという実績を持つ。西ベンガル州で工場建設からの撤退に追い込まれたタタ自動車を再度誘致するなど自動車関連産業の育成に努め、2015年には投資額500億円と言われるスズキの工場誘致を実現した。モディ政権は、こうした経験をインド全体に反映して欲しいとするインド国民の期待を受け、電力の安定供給と産業育成を中核政策にしている。電力改革はそのための重要政策だ。

　インドで電力の安定供給を実現するには、中国以上に石炭の重要性が高くなる。石炭火力のシェアは総電力消費の70％を超え、電源ポートフォリオの石炭偏重が顕著だ。これから本格的な成長の波に乗ろうとしているインドでは、経済成長のためには電力供給が不可欠との政策姿勢の下、石炭増産の旗が振られている。

▶ 中国の後を追う環境問題

　石炭火力に頼っていることもあり、インドでは大気汚染が深刻である。首都ニューデリー周辺では、PM2.5がインドの安全基準の10倍以上を記録する日が多くなってきた。デリー州知事は石炭火力発電所の停止を命じたが、一時しのぎに過ぎない。

　現状の電力システムを維持すれば、2014年に1.6億kWだった石炭火力の発電容量は2030年に4.5億kWまで増大し、大気中への汚染物質の排出は最低でも2倍に膨らむとされている。一方で、PM2.5、SO_2、NO_xの排出規制が導入されるなど環境汚染改善の政策が進められ、エネルギー供給の安定とどのように両立するかがインドの最重要課題の1つになっている。

　中国がパリ協定を批准したことで、インドも「地球温暖化について対策なし」とはいかなくなった。石炭火力増設による電力の安定供給政策を進めるモディ首相は、地球温暖化対策に慎重と見られていたが、日本に先駆けてパ

リ協定を批准した。今後、環境保全と経済成長の板挟みになるリスクもあるが、中国の批准が決まった段階で、参加が遅れパリ協定の枠組みに自国の利益を反映できなくなることを怖れたものと考えられる。

モディ首相が地球温暖化対策に十分対応できると考えている可能性もある。グジャラート州知事時代に、太陽光発電と風力発電を大量導入した成功体験があるからだ。CO_2排出量の抑制を厳格に捉えなければ、再エネを大幅に拡大することで国際的な理解を得られると理解している可能性もある。インドにはそうした政策を可能にする潤沢な再エネのポテンシャルがある。

▶ 複数の資源に恵まれた再エネ大国

ヒマラヤ山脈を抱くインドは豊富な水力発電資源を持つ。現状でも、4,000万kW近い水力発電容量を擁し、水力発電による電力が年間発電量の12～13%を占めている。さらに、ヒマラヤからの水系を水源とする水力発電の計画が300近くあり、5,000万kW近い発電容量の追加を見込んでいる。水力発電は水量と落差で決まるため、世界最高の高さと広大な裾野を有するヒマラヤ山脈周辺は水力発電の世界的な適地と言える。一方、ヒマラヤからの水系を利用した水力発電は、インドと国境を接する中国も狙っている。化石燃料資源と同じように、再エネでもエネルギーの大消費国が権益争いを繰り広げることになる。

広大な高地を有することから風力発電資源も豊富だ。インド政府は2014年末時点で2,250万kWの風力発電容量を、2022年までに6,000万kWまで拡大する目標を掲げている。すでに、750万kWの風力発電が導入されている南部のタミル・ナドゥ州に加え、西部のマハラシュトラ州、グジャラート州、カルナタカ州などで大規模な風力発電投資が計画されている。これらの地域は、アラビア海・インド洋から強い西風が吹くため、現状の風力発電容量の10倍近い潜在力があるとされる。

赤道付近特有の日照時間の長さを活かした高効率の太陽光発電ができることも、インドの特徴である。2016年1月にモディ首相は、フランスのオランド大統領と共同で、赤道周辺の日射量の多い120カ国以上を巻き込んだ「ソーラー同盟」を立ち上げ、1兆ドルの資金を集める構想を打ち上げた。インド政府も太陽光発電を2022年までに、1億kWまで拡大させる計画を掲

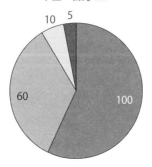

図2-26 インドの2022年の再エネ導入目標

げている。しかし現状では、日照時間の長いグジャラート州とラジャスタン州に太陽光発電の90%が集中しており、FIT（固定価格買取制度）のインセンティブも大きくないため、太陽光発電の導入量は1,000万kW程度に留まっている。これを、エリアとインセンティブ双方を拡大することで10倍に増やそうと目論んでいる。

インド政府は、こうした施策で風力発電、太陽光発電、バイオマス発電を合わせた発電容量を2022年までに1億7,500万kWまで引き上げるとしている（図2-26）。同時に、2030年までに化石燃料由来の電源比率を60%まで下げる意向だ。

インドの電力が石炭に依存し続けなければならないことは変わらないが、再エネが電力システムを支える主要なエネルギー資源となる可能性が高まってきた。

▶ 再エネ関連企業の成長

インドの再エネのポテンシャルは自国内の再エネ関連企業を育てた。インドの風力発電機器メーカー・スズロンは、2014年で風力発電設備生産量で世界第7位の地位にある。2015年は中国メーカーの躍進でトップ10からは外れたものの、成長の勢いは衰えていない。

スズロンはグジャラート州の再エネ拡大政策の波に乗り、インド国内で風力発電設備生産量の50%以上のシェアを占めるまでに成長した。EUやアメリカの風力発電機器メーカーを買収して海外にも進出し、世界トップ10入りを果たした。インド市場では、海外メーカーに国内シェアを奪われたが、傘下のドイツの風力発電機器メーカーをフランスのアルストムに売却するなどして投資資金を捻出し、インド市場に注力投資し市場の伸びをてこに再度の成長を目論む。

　その他にも、インド市場でトップ3を維持し続けているアイノックス・ウィンド（グジャラート・フルロケミカルズの子会社）など有力企業が育っており、インドの風力発電機器メーカーは世界から注目されている。

　太陽光発電の強化政策の下で発電量を増やしているのが、インドの財閥リライアンスグループの電力会社リライアンス・パワーである。年間晴天日数が300日を超えるラジャスタン州などに数万kWの太陽光発電所の建設し、石炭火力を減らして太陽光発電に注力する経営方針を打ち出している。財閥グループを中心とするインド企業は、政府の政策に呼応して本格的な再エネ投資に舵を切っている。

▶ 海外企業の参入

　スペインの風力発電設備メーカー、ガメサは2016年にインド風力発電機器市場で29%のシェアを獲得し、スズロンの26%を押さえてトップの座をつかんだ。ヴェスタスやGEなどの風力発電設備の世界トップメーカーも参入し、インド市場は多国籍化している（**図2-27**）。

　インド政府の高い目標を受けて、海外の電力大手もインド市場に参入している。2016年1月にフランス電力大手EDFがインドの風力発電開発会社SITACに1億5,500万ユーロ（1ユーロ＝120円換算で186億円）を出資し、インドでの風力発電プロジェクトへの投資拡大を表明した。原子力発電を抱えるEDFは、フランス国内の再エネ開発には積極的でないが、風力発電を切り口にアジアの再エネ市場を攻める意向だ。イタリア電力大手のエネルもインドBLPエナジーに3,000万ユーロ（36億円）を出資し、インド市場に参入した。いずれ3大市場から滑り落ちるEUの電力大手は成長するアジア市場で生き残りをかけようとしている。

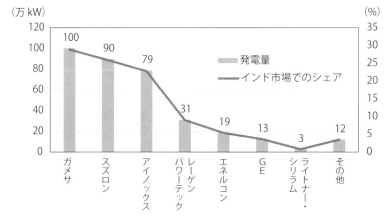

図2-27　インド風力発電機器市場シェア

　日本からもオリックスが1,100億円を投じ、100万kW級の風力発電プロジェクトに参画することを表明している。風況の良い南西部7州に資金を投じるプロジェクトで、成長が期待されるインドの風力発電ビジネスのポテンシャルを見込んだ投資と言える。

　2017年に入ると、東京電力と中部電力による共同出資会社のJERAが、インド国内の風力発電・太陽光発電に投資するReNew社の株式を10%取得した。ReNew社は既設の150万kWの発電設備に加え、180万kWの新たな投資を行うことを予定している。JERAは海外事業を急速に拡大しており、火力発電だけでなく、成長が見込めるインドの再エネ市場に注目した。インド再エネ市場の参入により、日本の大手電力会社の海外市場開拓は新たな段階に入った。

▶ コール&バリエーションのある再エネというモデル

　こうして、石炭火力に水力、風力、太陽光という複数の再エネをバランスよく組み合わせる電源ポートフォリオがインドのモデルとなる。

　石炭火力については、汚染物質の除去はもちろん、超超臨界やIGCCなどの技術を導入して可能な限り環境負荷を下げた上で、地域の特性を活かして再エネを最大限導入する。日照条件が良く、太陽光発電の効率が高い新興国

で普及するモデルとなるだろう。

　そこで問題になるのが、ぜい弱な送電網である。インドでは国営送電会社が州をまたぐ送電運用を行い、州内の送電と配電は州の電力局が運営している。州をまたぐ送電運用は北部、西部、東部、北東部、南部の5つのエリアから構成されているが、南部だけは周波数が異なる。5つのエリアを統合する運用のめどは立っていないようだ。

　その分、地域の特性を活かした再エネの変動を補完する運用が難しくなる。北部、西部、東部、北東部には豊富な水力発電資源があるため、再エネの変動調整は比較的容易と考えられるが、南部の送配電運用は今後の大きな課題となろう。南部のタミル・ナドゥ州は、風力発電の導入量が最も多い。南部ではピーク電力3,000万kWに対して750万kWの風力発電が導入されているため、安定した送電運用には北側エリアとの連系線強化が不可欠だ。西部のグジャラート州などに風力発電を建設する動きが出てきたのは、タミル・ナドゥ州で風力発電の送電網への受け入れが難しくなってきたという事情もある。

　石炭火力を軸に再エネを組み合わせるという電源構成は中国と共通しているが、太陽光発電の効率が高く、再エネのバラエティが豊富なことがインドの特徴だ。当分の間、容量クレジットに達することもなく、南部を除くと再エネの増加が見込まれること、巨大な市場を背景に強力な再エネ企業が台頭していることも中国と共通している。一方、火力発電については、石炭火力を温存しながらも天然ガスを積極的に導入する中国に対して、インドでは当面石炭火力を軸とした電源構成が続くと思われる。政策がCO_2削減という実よりも、再エネ導入量の拡大という名を取る可能性があるからだ。

　2030年に向けて、世界の電力市場での中国とインドの存在感は間違いなく高まる。政策でもビジネスでも、経済と同様、有力新興国の動向から目が離せなくなっている。

column 2

解決すべき課題はどの国でも同じ？

　世界のエネルギーシステムがどうなるかは、賛同する国の数ではなく、エネルギー消費量の動向に左右されるはずだ。その意味で、中国、アメリカ、EU、将来的にはインド市場の動向が重要になるのだが、よく見ると、電力システムの基本的な形はどこの国でも変わらないことに気がつく。送電網を中心とした電力システムは、誰が考えても、賦存量の大きな再生可能エネルギーである太陽光と風力を3分の1前後導入して、調整力のある電源でその他を賄う構造になるからだ。

　目指している基本的な形は変わらないのに、不自然な対立関係が炙り出されているように思える。例えば、CCSのような技術もあるのに、石炭ばかりが目の敵にされる。脱石炭を熱心に語る人の世界の電力システムの中に、日本でも難しいと思われるような比率の原子力発電が織り込まれている。あるいは一部の国や地域でしか成り立たないエネルギーシステムを好事例として掲げる。こんな具合だ。何らかの恣意を感じる。

　こうした議論が散見されるのは、次世代のエネルギーシステム作りに向けて、我々が過渡期にいるからだ。混沌として議論が続く間は、新しいエネルギーシステムを模索するための資金と労力が浪費される。早々にエネルギーの基本形を共有し、解決すべき問題に資金と労力を集中しらなくてはいけない。

う〜む

第3章

パリ協定から 2030年までの 15の変化

1 再エネ市場の本格的な拡大が始まる

今後の再エネ市場を占う上で第一に指摘しなくてはならないのは、パリ協定が批准され、世界の再エネ市場が本格的な拡大時期を迎えるということだ。本書では、閉じられた系統内で再エネが過半を占めるような電力システムの実現性に懸念を呈しているが、現状対比で見れば再エネの導入が大幅に拡大することは間違いない。その上で、念頭に置くべきなのは次の3点だ。

Opinion
 一時的な停滞はあっても再エネ拡大の流れは確実に進む

アメリカの大統領選でドナルド・トランプ氏が選ばれ、パリ協定から脱退すると発言していることが懸念されている。パリ協定に冷や水をかけることは確かだが、本質的な停滞要素にはならない。

まず、脱退すると言っても最短で4年を要する。その間、地球温暖化の議論が遅々とすることはあっても、後退する可能性は低い。地球温暖化のリスクが一層顕在するからだ。

経済的な観点から見ても、世界市場で再エネ関連の企業が顕著な成長を遂げれば、経済重視の政策姿勢を取るアメリカが傍観する訳にはいかなくなる。国際政治の観点から見ても、中国がパリ協定の議論で優等生的な姿勢を示し、他国から評価を受けることがあれば放っておけないだろう。国民に対して環境改善を約束している中国政府の姿勢は、アメリカの政策判断に大きな影響を与える。

Opinion
 再エネ拡大には紆余曲折が避けられない

地球温暖化の議論の歴史を見ると、達成感と落胆を繰り返しながらも、温室効果ガスの削減目標が押し上げられて来たことがわかる。京都議定書は1997年に合意されたが、アメリカの離脱で失速しかかり、8年かかって2005

年に発効した。しかし、2011年に日本が京都議定書の枠組みから離脱すると、議定書は方向性を失った。その後、何度かのCOPを経て、2015年末にパリ協定が合意されるというように、地球温暖化の国際的な議論は数年前後のタームで浮き沈みを繰り返してきた。

パリ協定についても、離脱や目標見直しなどの議論が繰り返されると考えておくべきだ。しかし、一時的な議論の冷え込みはあっても、パリ協定の枠組みが維持されるか、異なる枠組みができるか、方法論はわからないが、低炭素化のハードルは引き上げられていく。

Opinion
 経済性が再エネの普及を決める

再エネの導入量は化石燃料の価格と密接に関係している。これまでも今後も、経済性はエネルギー源が選ぶための最も重要な要素である。京都議定書が発効した頃に比べて再エネの競争力は飛躍的に高まっている。風力発電の発電コストは半分以下、太陽光発電に至っては4分の1程度になった。技術革新は続くから、コストは今後も下がり続ける。

これに対して、他の電源のコストは上昇傾向にある。原子力発電は安全対策のコストが嵩み、すでに火力発電に対する優位性は失っている。核燃料サイクルのめども立っていない。今後は、エネルギーの多様性や将来に向けた技術の継承など、経済性以外の理由が必要になる。化石燃料の価格は長期的に上昇トレンドにあるから、火力発電のコストも上がる傾向にある。

ただし、昨今指摘されているドイツなどにおける火力発電のコスト競争力の低下については、原因のかなりの割合が本来再エネに帰すべきものだ。火力発電に押しつけている調整コストを考えると、再エネの真のコストが火力発電のコストに追いつくにはまだしばらく時間がかかる。それでも、国際的な燃料価格の変動に振り回されることがない再エネを、経済的に評価する流れは着実にできつつある。

2 国際議論の中心は太平洋に移動する

　パリ協定の最も大きな意義の1つは、温室効果ガス排出量第1位、第2位の排出国である中国とアメリカが参加したことだ。両国の参加は地球温暖化の国際議論の枠組みに3つの影響を及ぼす。

Opinion
 アメリカと中国の参加は議論の枠組みを強固にする

　温室効果ガスの排出量で半分近く占める上、国際経済・政治において圧倒的な発言力を持つ両国を欠いた議論の枠組みが脆弱であったことは、京都議定書の経緯を見ればわかる。アメリカと中国が参加したからこそ、参加国はパリ協定の影響力を軽視できなくなる。一方、両国にとっても、パリ協定に参加したことが制約になる。今後、国際経済・政治で互いを一層ライバル視するようになるから、自国の都合で脱退することができなくなる。

　中国の経済・政治両面での影響力はますます大きくなる。その分、米中のパワーバランスは緊張感が増すから、両国にとってパリ協定からの脱退は「手を取り合って脱退」というカードしかなくなる。

　経済・政治両面で圧倒的な影響力を持つ米中が地球温暖化の議論で意見を戦わせるようになれば、議論の行方が両国の意見に引っ張られるようになるのは避けられない。両国に正面からモノ申せる国はあまり見当たらない。南シナ海における中国の行動に対して、結局、アジアのどの国も強い意見を言えなかった。日本は、中国に対して批判できるかもしれないが、アメリカの批判はできないだろう。そのアメリカが注視するのは中国である。

　欧州でも、EUから離脱するイギリスは両国に慎重に対するだろう。ドイツは強い意見を言うかもしれないが、ドイツの説得力はエネルギー改革が経済・政治両面で成功するかどうかにかかっている。結果として、米中の太平洋をはさんだ意見の応酬が、国際的な議論の中心となる可能性が高い。

Opinion

 目標引き上げの歩みが遅くなる

　第1章で述べたように、アメリカと中国が世界に示している温室効果ガスの削減目標は、従来の政策の積み上げに過ぎない。アメリカではトランプ大統領のパリ協定離脱発言が注目されているが、共和党政権であれば他の人が大統領になっても、パリ協定に向けた目標嵩上げは行われないだろう。パリ協定批准の経緯を見ても、オバマ政権のレガシーという側面があるから、アメリカにチャレンジングな目標設定を期待するのは難しいと考えるべきだ。
　一方、中国は国際的なアピールのために、部分的にチャレンジングな目標を示してくる可能性がある。ただし第2章で示したように、中国が資源の確保や経済成長、眼に見える環境汚染の修復などの国民の期待への対応を犠牲にして、国際議論を優先することは考えられない。

Opinion

 中国の位置づけが高くなる

　オバマ元大統領は議会と十分に議論せず、パリ協定の批准に踏み切ったと考えられる。政権最後の年のレガシーであったとすれば、パリ協定の5年ごとの目標を引き上げの枠組みを考えていないことになる。
　環境政策については、天然ガスのパイプラインの建設を規制したことが問題を残すことになった。石炭から天然ガスへの転換を目指しているのはアメリカだけではない。アメリカがシェールガスの採掘と輸送のための環境を整えれば、アメリカ産の天然ガスが海外に供給されて需給バランスが緩み、世界的に見て温室効果ガスの削減に寄与する。シェールガスの規制は環境政策の面からも疑問があり、エネルギー業界との確執を生んだ。
　オバマ政権がパリ協定下での5年ごとの目標嵩上げの枠組みを作れなかったことと、オバマ政権下で規制されたエネルギー産業界の揺り戻しで、アメリカは地球温暖化の国際議論で足かせを嵌められる。一方、中国は5カ年計画のたびに環境政策を前進させ、国際的な評価を上げるだろう。アメリカ政権交代のバトンパスのずれで最も利を得るのは中国かもしれない。米中の参加という諸刃の剣が地球温暖化問題にどのように作用するか注視すべきだ。

3 風力発電が再エネ電力の中心となる

　地球温暖化は地球規模の問題だから、エネルギー多消費国、温室効果ガス大量排出国のエネルギーシステムがどうなるかが最も重要なテーマだ。地産地消など地域の特性を活かした取り組みは重要だが、仮に北欧や日本で地産地消の理想的なエネルギーシステムを作れたとしても、地球規模で見た改善効果はわずかだ。地球規模での改善にはエネルギー多消費国、温室効果ガス大量排出国のエネルギーシステムの改善が不可欠だ。本書はそうした観点で、3大市場のエネルギーシステムに注目した。

　現状のエネルギー多消費国、温室効果ガス大量排出国のエネルギーシステムを見たときに共通しているのは、第2章で詳細に述べたように、風力発電の存在感が大幅に高まったことだ。風力発電の存在感が高まった理由は4つある。

Opinion 賦存量が大きく、開発コストが小さい地域で開発が進んだ

　アメリカでは環境意識の高いカリフォルニアが風力発電の先兵となったが、その後風力発電に適した中西部などが中心となった。中国では内モンゴル、EUでは北海沿岸付近が低コストの風力発電の受け皿となっている。そうした地域は、平たんな土地が延々と続き、安定した大陸の強い風が吹く。採算性の高い洋上風力は、同じような条件の土地に一定の深さで海水がかぶったと思えばいい。

Opinion スケールアップが容易で効果が大きい

　風力発電の規模の拡大はブレードの製造と現地での組み立てなどを難しくするが、他分野で培われた技術を持ち込むことで比較的容易にブレークスルーができた。風力発電の発電容量は大きさの2乗に比例するから、スケー

ルアップによる収益改善効果が大きい。2000年代に2,000kW級が最大級と言われていた規模は現在、地上では3,000kW、洋上では6,000kWに達している。

Opinion
 経済性が飛躍的に向上した

スケールアップを実現したことで、第2章で示したように、エネルギー多消費国、温室効果ガス大量排出国の大型ウィンドファームの発電コストは火力発電を下回るようになっている。風力発電のコストはいわゆる「出なり（調整などの制約なく自由に発電していること）」で、火力発電の市場での価格は調整負担を含めた価格だから直接比較はできないが、最大級のウィンドファームの発電コストは「出なり」である点を勘案しても、火力発電のコストに匹敵している。

Opinion
 平準化が比較的容易

前述した風力発電の適地は風況が安定している上、同じような地域が1つの系統内に複数あれば、風力発電の変動を打ち消し合う均し効果も期待できる。また太陽光発電とは違い、夜間も発電できるため夜間の電力を補う必要がなく、電力のポートフォリオに組み込みやすい。したがって、送電網を広域に整備すれば、電力システムを運用する側でも風力発電を受け入れやすくなる。

風力発電の市場が大きくなれば、技術開発や量産効果はますます進む。それによって、コスト改善が進んで信頼性が高まる上、系統内での均し効果も大きくなるので、風力発電が再エネの中心となる流れは今後も続く。

4 「火力+再エネ」が汎用モデルになる

　パリ協定を経て再エネが大量導入されることは間違いない。また、再エネが大量導入される分だけ、化石燃料価格の変動リスクを負う火力発電が閉鎖されていくことも確かだ。しかし、再エネ電源と火力発電の関係については以下の点を押さえることが必須だ。

Opinion

❶ 再エネだけでは系統電力を賄えない

　世界中を探しても、再エネ100％で広域の系統運営が見えているところはない。ドイツは将来再エネの比率を80％に高めるとしているが、国境を超えて送電網がつながっているから成り立つ目標である。日本の県が再エネ比率を80％にする、と言っているのと技術的に違いはない。

　日本のどこかの県で風力や太陽光を大量に導入すれば、他県で再エネを変動するための火力の比率を増やさざるを得なくなる、のと同じことが欧州でも起こる。欧州は国を超えた送電網を整備し、柔軟な運営のために尽力してきた。しかし、欧州の送電網技術が他地域に比べて飛び抜けて高い訳ではなく、理想的な電力ポートフォリオに大きな違いは生じない。

Opinion

❷ パリ協定を経て世界が目指すエネルギーシステムの基本形態は「火力+再エネ」となる

　再エネの変動を吸収するには今のところ火力発電に頼るしかない。2000年代、日本ではここに原子力が大量導入されることが計画されていたが、東京電力福島第一原子力発電所の事故で、原子力大国フランスですら原子力発電所の割合を減らすことになった。その分だけ、どの国も選択肢が「火力+再エネ」に狭められることになった。ただし、再エネの選択や組み合わせは国情によって変わる。

Opinion 選択肢は、一に風力、二に（インドのような）効率の良い太陽光、三にその他の多彩な組み合わせに

　世界の電力需要の過半を占める3大市場が、いずれも風力発電の好立地を抱え、「ファイアー＆ウィンド」の電力システムを整備できたことは世界経済にとって幸運だった。3大市場の風力発電のコストに匹敵する地域は必ずしも多くないが、高効率の太陽光発電は大規模風力発電が可能ならば次善の策になる。ただし、太陽光は風力と比べても変動が大きいので調整コストは高くなる。言い換えると、火力発電への依存度が高くなる。

　日本はこのどちらにも属さないため、いろいろな再エネを組み合わせるしかなくなる。地域の特色を活かして、バラエティのある再エネを導入することは理念的には美しいが、再エネの経済性は低くなる。

Opinion 世界的に見ると火力の中心は依然として石炭

　天然ガスによる石炭の代替は進むが、世界的に見ると火力の中心は当分の間石炭になる。シェールガスのおかげで、アメリカは世界でトップクラスに天然ガス火力の経済性が高い国となったが、そこでも石炭が完全に淘汰されることはない。EUはロシアの天然ガスへの依存を過度に高めることができないから、全体として見た場合、石炭火力の役割は依然大きい。中国の火力の中心も当分石炭になる。

　多くの新興国・途上国も同じような構造にある。IEAの予測でも、2040年になっても石炭火力は発電量の30％程度のシェアを占めるとされている。

　「火力＋再エネ」が汎用モデルなる、という指摘には2つの側面がある。まずは、火力発電を過小評価することは間違っているという面、それでも再エネの導入規模は現状の2倍以上に増えるという面である。ビジネスチャンスを捉えるには、電力システムのモデルを捉えた冷静な戦略が欠かせない。

5 火力電源が送電網の機能の一部となる

　これまで再エネは火力、水力、原子力といった従来電源に比べて、甘えた条件で発電することが許されてきた。従来電源は、価格固定や優先接続、発電し放題（日本のように一部規制がある場合もある）、という再エネ優遇のしわ寄せを受け、採算性が大幅に低下した。EUの大手電力会社の中には火力発電から撤退するところも出ている。しかし、これまで述べてきたように火力発電は系統の電力システムを維持するために欠かせないため、火力発電を維持するための政策が講じられている。容量市場はその1つである。

　こうして以下のような動きが顕在化してくる。

Opinion
 火力発電は調整電源としての位置づけを強める

　再エネの変動を調整する手段には、大水力、蓄電、他電源による補完、平準化を含めた広域の需給調整がある。大水力は優れた手段だが、これに頼れる地域は極めて限られている。

　広域の需給調整機能の向上は今後の電力システムの必須の課題だが、再エネの変動をすべて吸収することはできない。また、需要側の制御は期待したような成果を上げていない。蓄電池は将来の電力システムにとって重要な技術であるが、広域系統の変動調整の中心になる可能性は低い。原子力発電の導入については世界的に慎重な姿勢が続く。結果として、再エネを増やせば増やすほど、火力発電が再エネの変動を調整するための欠くべからざる電源になる。

Opinion
 火力発電設備は送電網と一体的な資産となる

　再エネが中核電源となるエネルギーシステムとは、設備過剰のエネルギーシステムに他ならない。再エネ電源の稼働率が低いため、電力需要に対して

はるかに大きな容量の発電設備を保有しなくてはならなくなる。その上で再エネは発電できるだけ発電するのだから、調整を負担する火力発電の稼働率は落ちる。

それが、前述したように欠くべからざる資産になるのだから、火力発電の収益低下分を電力システム全体で支えなくてはならない。こうして支えられる火力発電設備は送電網の調整機能だから、系統に接続される蓄電池と同じ位置づけの資産になる。

Opinion

 火力発電を手がける事業者が絞り込まれる

送電網の調整機能となった火力発電資産は、送電網と同じように安定した回収が見込める投資対象となる。一方で、変動調整を要求される火力発電設備の運営には、電力会社の意向で運営できた場合に比べて高い能力が求められるようになる。

また、送電網の調整機能を担うためには一定以上の規模が必要だから、対象となる施設の投資額は大きくなる。加えて、効率的に変動調整を行うには相応の数の火力発電所を運営することが必要になるから、高い投資負担力が求められるようになる。

結果として、火力発電事業を担える事業者の数は絞り込まれていく。変動リスクを送電網が抱えることもできるが、送電事業のリスクが高まるので有力な発電事業者が調整機能の一部を担うことになる。

このような傾向は、再エネの比率が高くなればなるほど顕在化する。再エネのシェアがある程度大きくなった時点で、火力発電の資産の扱い方が問題になるはずだ。再エネ導入への投資拡大に当たっては、こうした観点をエネルギーポートフォリオの中に織り込まなくてはいけない。

6 メガソーラーは特定地域向けの事業手法となる

　風況の良い地域を豊富に抱えるEU、アメリカ、中国の3大市場では風力発電への投資が進んでいる。3大市場においてメガソーラーは、系統に接続する大規模再エネ電源としては風力発電に押さえ込まれた感がある。こうした地域でメガソーラーと大型のウィンドファームの発電コストは2倍前後あるため、今後も競合する可能性は低い。

　一方、今後の3大市場に次ぐ市場となることが期待されるインドでは、相対的に太陽光発電の位置づけが高い。日射量が多く、発電事業の経済性が高くなるからだ。インドでは、3大市場ほどメガソーラーと風力発電のコスト差が大きくない。さらに、中東など日照が強く日照時間が長い地域では、大規模なウィンドファームを大きく下回る発電コストを実現している地域もある。3大市場とインドや中東など日照条件の良い市場の動向を踏まえると、メガソーラーについては以下の点を指摘することができる。

Opinion

3大市場では「火力＋風力」が標準モデルになる

　前述したように、3大市場では風力発電が再エネの中心となる。太陽光発電は風力発電に比べて平準化効果も小さく、夜間に発電できず、雨天・曇天で発電量が大きく低下する課題もあるため、今後も3大市場で勢力を回復する可能性は考えにくい。

Opinion

新興国・途上国の参加で
メガソーラーが再び存在感を増す

　熱帯および亜熱帯の風況が良くない地域では、太陽光発電のコストが風力発電のコストを下回ることがある。世界中を見回すと、3大市場のように風力発電が他の再エネ発電を圧倒する国より、こうした国の方が多い。特に熱帯や亜熱帯の新興国・途上国には、メガソーラーの可能性が相対的に高くな

る国が多い。
　パリ協定の1つの重要な成果は新興国・途上国が参加したことだ。これは、再エネの普及地域が緯度の高い地域から低い地域に移動することを意味する。緯度の低い地域は3大市場の大規模ウィンドファームが運営されているような強風の吹く地域が少なく、日照が強いから風力発電に対するメガソーラーの競争力が高くなる。こうした地域では「火力＋太陽光」が標準モデルになっていく可能性がある。

Opinion ③ 新興国・途上国向けの新たな電力システムの市場が生まれる

　新興国・途上国の多くは、先進国に比べると投資力が弱く、産業立地の促進と国民の負担軽減のために電力の価格に敏感である。コストの低い石炭火力に頼る国も多いため、太陽光発電導入の比較対象となる電力価格が低い。そうした国で、太陽光発電を導入するためにはコスト低減が不可欠だ。
　また前述したように、太陽光発電は風力発電に比べて平準化効果が小さく、夜間に発電できず、雨天・曇天で発電量が大きく低下する課題があるため、3大市場とは異なる送電網運営のノウハウが必要になる。事業モデルで見ると、風力発電に比べて、事業採算性に対する規模の影響が小さいため、太陽光発電は大規模化を追求する経済的な理由が少ない。地形に合わせたり、ルーフトップにして土地代を抑えたりするなど、地域の事情や発電設備以外のコストを考慮した電源開発と広域での制御が重要になる。
　新興国・途上国の「火力＋太陽光」の市場を捉えるためには、太陽光発電のコストダウンに加え、送電網運営ノウハウの構築、広域運用を視野に入れた事業モデルが必須となる。パリ協定では先進国から新興国・途上国への資金還流が増えるから、政策と連動しつつ、こうした条件を満たす戦略が重要になる。

7 FITは終焉する

　FITが導入される際、「FITは劇薬である」という指摘があった。その意味は、再エネ導入には刺激的な効果を発揮するが、副作用も大きいということだ。効果については、日本市場を見ても導入前と後では顕著な差がある。一方、FIT導入から4年経った2016年には賦課金が2兆円を超えるという副作用が出ている。他にも、導入当初は「土地ころがし」まがいの事業者に賦課金を配分することになった、あるいはドイツで火力発電事業者に負担が過度にしわ寄せられた、などの副作用があった。冷静着実であった従来の電力関連政策とは、およそかけ離れた状況を呈したのがFITである。

Opinion
 FITの副作用は持続可能ではない

　前述した状況からFITは確かに劇薬であった。どんな分野の政策でも、行き詰まった局面を打開するために劇薬を投じることはあるが、劇薬の投与はあくまで過渡的なものである。その意味では、FITは劇薬でありながら、EXITが明確にならないまま運用されている。地球温暖化対策が重要であることは言うまでもないが、日本には高齢化、少子化などエネルギーの他にも重要な課題がある。

　FITの賦課金は電力需要家から徴収しているため、税金を原資としていない。しかし、国民生活の基盤として代替がない電力についてを、税金と区別して国民負担を論じることは国民目線とは言えない。国民負担の大きさから見ても、FITは適切なEXITを模索すべき時期に来ている。

Opinion
 再エネ由来の電力を高く買う理由はなくなった

　すでに海外では、風力発電と太陽光発電の「出なり」のコストが火力発電のコストを下回る例が増えている。大規模ウィンドファームやメガソーラー

の事業環境に恵まれた地域に限られているが、こうした地域では再エネ電力をコスト面で補助する必要はなくなっている。実際、再エネ電力を調達するための入札が始まっている。

重要なのは、EUやアメリカ、中国という世界経済の中心的な国々が、火力発電に匹敵する経済性を有する再エネ電力を手にしようとしていることである。これは低コストの再エネを持つ国に対して、そうでない国は経済的なハンディを負うことを意味している。そうしたハンディをできるだけ小さくするためにも、FITのEXITプランが必要になっている。

Opinion
 優先接続の持続性が問われる

FITは割高な再エネコストの補完と、再エネ電力の系統への優先的な接続により構成されている。前者についてはすでに述べたように、再エネのコスト低下により必要性が下落している。遠からず、多くの国で再エネのコスト補完は限定的なるだろう。

一方、発電した電力を送電網にすべて送ることができる条件をどうするかは悩ましいところだ。優先的な接続こそが、再エネ発電が火力発電に匹敵し得るようになった理由であり、制限すれば再エネの導入量を頭打ちにする原因になるからだ。

再エネ電源に従来電源のような送電網が求める安定した電力の供給を義務づけると、再エネのコストは大幅に上昇する。しかし、再エネ電力自身が調整機能を持たないで、パリ協定が目指しているレベルの低炭素化は難しい。

再エネの導入限界が見え始める2030年頃には、再エネ電源にも系統への接続条件が検討されるようになるはずだ。従来電源と同じほど厳しい条件にはならないにしても、再エネ側が系統内の変動の調整負担をある程度負担することになるのではないか。新たな課題を背負うことで、再エネ電源は中核電源としての機能と真の経済性（他電源に依存しない経済性）を目指すことになる。

8 火力発電と再エネ発電の立場が変わる

　前述したように、再エネ電力が増えるほど、変動調整のための火力発電の容量が必要になる。変動調整のための火力発電の設備は、同じく前述したように、資産的には送電網の一部と同じ位置づけとなる。その一方でFITは遠からず終焉し、再エネ電源も市場競争に晒されるようになる。こうして再エネ電源と火力発電の位置づけには以下のような変化が起きる。

Opinion
 再エネ電源の投資リスクが高まる

　FITの下での再エネ電源は、極めて低いリスクで確実なリターンを期待できる投資対象だった。何しろ稼働率と単価の変動リスクがほとんどないのだから、投資家は完工リスクと維持管理のリスクだけに注目すればよかった。こうした保護的な投資条件が巨額の資金を再エネ市場に呼び込んだ。

　これが入札対象となったり、市場で取引されたりするようになると、収入の予測性が格段に低下する。前述したように、調整負担を負うようになると予測性は一層低下する。収入リスクの評価は他の電源では当たり前に行われていることだが、実績が少ないことや天候の変動が加味されることから、再エネでの評価は難しくなる。

　確実な投資対象から実績が十分でないリスク投資の対象となり、投資資金が減ることはFITのEXITリスクに他ならない。それをできるだけ小さくするために、政策サイドにはFITの導入時以上に慎重なロードマップの提示が求められる。投資側ではFITに関わる政策の動きを中期的な視点で把握することが必須になる。

Opinion
 火力発電は安定した投資対象となる

　再エネの変動調整用に建設される火力発電の設備は送電資産と同様の位置

づけになるから、確実に運営されている限り、安定した収益が期待できる投資対象となる。調整用の火力発電設備は入札を通じて調達されるが、前述したように変動調整を担う火力発電を手掛ける事業者の数が絞られれば、価格競争が限定的になる可能性もある。

火力発電の長い歴史と自由化で、大規模な火力発電設備を手掛ける事業者の数は絞られている。今後、再エネにより火力発電の容量が大きく伸びないとすれば、新規に参入する事業者も限られる。結果として、火力発電設備を手掛ける事業者の技術力は相当に高くなる。そこで変動調整などのノウハウを蓄積した限られた数の事業者が運営すれば、火力発電事業は過度の市場競争に晒されず信頼性の高い投資対象になる。

前項と合わせると、市場リスクに晒される再エネ電源、収益が安定化する調整用の火力発電という逆転現象が起こる。

Opinion

 新たな火力発電を手掛ける事業者が生まれる

ドイツでは再エネの大量導入により、変動調整負担を押しつけられた火力発電の収益が低下し、大手電力は火力発電事業を切り離した。しかし、本書で述べているように、パリ協定を経て「火力＋再エネ」が最も可能性のある電力システムであるのなら、ドイツの再エネの変動を吸収するための火力発電所がEUのどこかで送電網内に維持されることになる。そこで前述したような、再エネの変動を調整するための運営ノウハウが求められるようになると、新たなビジネスモデルの下で火力発電を手掛ける事業者が登場する。

現在は、火力中心の電力システムから「火力＋再エネ」の新たな電力システムへの移行過程である。にもかかわらず、巷では火力発電が一元的に消滅するかのような誤解が生まれている。冷静に将来の電力システムを見据えれば、火力発電について新たなビジネスモデルが生まれることがわかる。

9 原子力発電の国家関与が強まる

　原子力発電がどのように位置づけられるかは、日本のみならず世界的にも電力システムを考えるための重要な観点だ。原子力発電の帰趨を占うには、以下の点を念頭に置いておくべきだ。

Opinion
 2030年に向けて先進国の
原子力発電は復活しない

　東京電力福島第1原子力発電所の事故以前、原子力発電は次世代の電力システムで重要な役割を担うと考えられてきた。しかし、技術力に定評のある日本で最大手の電力会社である東京電力が深刻な事故を起こしたことで、原子力発電に対する信頼は大きく低下した。その煽りを受けて、世界中で業績を悪化させる原子力発電関連企業が相次いでいる。
　政府は原子力発電の信頼回復に腐心するが、それには長い時間がかかる。2030年代までに、官民ともに原子力発電推進派が従来のような強固な体制を築くのは難しくなってきた。

Opinion
 原子力発電はなくならない

　1980年前後にスリーマイル島とチェルノブイリの事故が起きてから十数年を経て、日本では原子力発電所を推す声が大きくなった。東京電力福島第1原子力発電所の事故から6年を経て、世界中で原子力発電は劣勢だが、数年後にも原子力発電へのアレルギーが維持されているかどうかはわからない。
　日本やフランスなど原子力発電を維持しようとしている国がある上、原子力発電の維持が必要と考えるエネルギーの専門家は少なくない。数年後、福島第1原子力発電所の事故の処理プロセスが完全に見えていることはないだろうが、世界が脱原発で一致していることも考えにくい。
　ただし、「原子力発電が安い電源」という根拠は世界中で説明性を失った

から、政策サイドは原子力発電を維持するための新たな根拠を考えなくてはならない。

Opinion
 原子力発電のリスクは拡大する

　最近ではベトナムが原子力発電所の建設計画を見直したが、中国やインドなど大量の電力需要が見込まれる新興国が、原子力発電から撤退することはできないだろう。先進国が原子力発電の新規建設に慎重になる中、新興国が原子力発電所建設の中心的な市場になる可能性がある。

　新興国に原子力発電が普及することは、原子力発電のリスクが拡大することを意味する。これまで、スリーマイル島、チェルノブイリ、福島第1原子力発電所で深刻な事故を起こしたのはアメリカ、ロシア、日本という原子力技術の先進国である。深刻な事故を起こしたとはいえ、原子力技術の先進国であるがゆえの事故対応もあった。

　原子力発電の維持には幅広い分野の産業の力が必要だ。産業構造が成熟していない新興国で原子力発電の事故が起こると、先進国以上に深刻な状況に陥る可能性がある。そうした事故による反原発の声は、国境を超えて先進国にも波及することになる。

Opinion
 国主導で原子力発電が維持される

　先進国では電力市場が自由化され、発電事業を手掛ける企業は厳しい市場の評価を受けなくてはならなくなった。一方で、福島第1原子力発電所の事故以来、国の原子力政策に近い企業の業績は低下した。こうした状況を見ると、今後民間企業が単独で原子力発電を維持するのは容易なことではなくなる。コスト面での優位さがなくなり、常に運営がストップするリスクを抱え、事故を起こした場合に致命的とも言える損失を生じる、という原子力発電を純粋な民間投資の対象と位置づけることは難しくなる。

　完全な国有化、所有と運営の分離、国によるリスク補完などいくつかの選択肢が考えられるが、原子力発電を維持するためには、国の強力な関与が前提になっていくだろう。

10 中国メーカーが再エネ市場を席巻する

　すでに風力発電のメーカーの世界ランキングでは、中国企業が何社も上位に食い込んでいる。以下の理由から、今後、再エネ市場での中国企業の位置づけはますます高まることになる。風力発電、太陽光発電メーカーの市場を中国が席巻する可能性も少なくない。

Opinion

 中国市場が圧倒的な規模で拡大する

　かつての日本やドイツの太陽光発電メーカー、北部欧州の風力発電メーカー、アメリカの風力発電メーカーなど再エネ発電の市場をリードした企業は、他国に比べて先進的ないしは規模の大きな自国市場を背景にしてきた。相対的に進んだ自国市場で企業力を培い、海外で競争力を発揮するのがインフラビジネスの王道である。

　第2章で述べたように、今後の中国の再エネ市場の伸びは他国を圧倒している。加えて、中国市場は他国市場に比べて国内企業が有利な市場である。こうした点から、中国の再エネ企業は国内市場でますます企業力を強め、国際市場でも勢力を拡大していくと考えられる。現状で中国企業が上位に何社も並んでいることを考えると、中国企業が再エネ市場を席巻するという事態も予想できる。

Opinion

 再エネ大量導入の制約が少ない

　前述したように、中国では旺盛な電力需要の充足、環境改善、資源調達リスクの低減、産業競争力の向上などから、政府、企業、国民が一枚岩で再エネの拡大を支持している。これまではコスト負担が懸念されたが、コスト競争力の高い大規模ウィンドファームの用地を豊富に抱えるため、政府は自信を持って再エネを拡大することができるようになった。官民一体で再エネが

支持される上、共産党政権の下で一糸乱れずに政策の策定、施行ができることも中国ならではの強みだ。

　技術面では、電力需要が巨大なためまだ容量クレジットの天井に余裕があることも、今後の再エネ投資を容易にする。「西部で発電された風力発電の電力が捨てられている」などの指摘もあったが、豊富な資金力を背景に電網会社は送電網投資を拡大している。日本の送電事業関連の企業からも、「送電網に関する日本と中国の技術的な差は急速に小さくなっている」との指摘がある。

Opinion

 企業力が高い

　日本などであまり理解されていないのが、先端的な中国企業の経営力である。中国企業の経営力が高い理由はいくつかある。まず、グローバルなセンスと知見を有した経営者が多い。そして、何よりも圧倒的な企業の層の厚みがある。

　海外に名を知られた中国企業は、国内で数多くの中国企業に競り勝った選抜組である。彼らは事業開始当初からグローバル市場を見据えて生産拠点を整備し、人材を獲得し、社内基準を整えてきた。グローバル市場で戦うことに何の違和感もない。この辺りは、国内指向が強い上、競争をしながらも共存を図る日本企業の事情と大きく異なる。さらに、専業が多い。世界的に見ても、中国の上位企業並みの規模で風力発電、太陽光発電を専業で手掛けている例は稀だ。

　風力発電は大型化、洋上などの技術開発テーマはあるが、基幹技術は成熟しており、事業規模の大きな企業が有利になる。太陽光発電でも、パネル製造で競争力を発揮するには企業規模がものを言う。液晶パネルの大手のほとんどがアジアにあるように、近い将来太陽光パネルビジネスの中心を中国が握っている可能性がある。

11 火力の焦点は「座礁資産」から技術革新に変わる

　ここまで述べたように、現状では世界の電力システムから火力発電が消えることは考えられない。最近、石炭火力を「座礁資産」と見る向きがあるが、現在は、再エネの急拡大とそれに伴う制度改革の遅れ（調整負担を一方的に火力に押しつけるなど）が原因で、火力発電の収益悪化と量的調整が起こっている過渡的な段階と捉えるべきだ。量的調整の時期を経て、変動調整負担の制度が整備されれば、火力発電は欠くことのできない電力システムの資産となる。ただし、現状の火力発電が生き残れる訳ではない。火力発電が生き残るためには、以下のような技術的課題を克服しなくてはならない。

Opinion
 効率性の向上

　発電効率の向上は火力発電の必須の課題だ。最新の天然ガス火力では、発電効率60％を超えるコンバインドサイクルが開発されている。今後はコンバインド技術に磨きをかけて発電効率を高めることに加え、排熱利用で総合効率を上げることも課題になる。天然ガス火力については、効率性と環境性の両面で世界的に見ても批判は少ない。

　地球温暖化対策で批判の多い石炭火力は技術的な開発課題が多い。超々臨界の実用化で効率性は高まっているが、天然ガス火力がコンバインドサイクルでブレークスルーしたような革新が欲しいところだ。今後は石炭ガス化などより高い効率性と環境性を目指せる技術の実装も必須となる。

Opinion
 環境負荷の低減

　中国でのPM2.5による深刻な大気汚染の最も大きな原因は、石炭火力発電と言われる。今後、新興国・途上国で大量の石炭火力発電が導入されることを考えると、有害物質の排出を抑えることは基本的な条件である。排出抑制

と同時に必要なのはモニタリング機能だ。正確な情報提供が、特に新興国で石炭火力は信頼性を維持するための条件だ。

　地球温暖化問題で課題となっている二酸化炭素の排出については、化石燃料を燃焼させている限り一定量は必ず排出される。世界的に見て大量の石炭火力の導入が避けられないことが共有されたとき、CCS（Carbon Capture & Storage）は必須の技術となる。火力発電はCCSとセットで、経済性の評価と普及を進めるべきだ。現在は石炭火力を対象に検討されることが多いが、将来的には天然ガス火力への導入も進むことになる。

　容量市場のような制度が普及すると、環境関連の技術の導入管理は容易になる。火力発電の調達の過程で環境条件を付与できるからだ。CCSの導入は火力発電のコストを引き上げることになるが、それも送電網と一体となった変動調整コストの一貫として受け入れられるようになる。

Opinion
変動対応性の向上

　環境性能に加えて、重要性が高まるのは変動対応力である。火力発電が再エネの調整機能として位置づけられるようになると、今までのように安定した稼働率で運営することは難しくなる。火力発電の効率は稼働率で大きく変動する。火力発電設備が電力システムの調整機能としての位置づけを高める時代に、環境性と収益性を維持するためには、発電設備の変動対応性を高め、稼働率の変化による発電効率の低下が少ない技術を開発し、高度な設備を的確に運営するノウハウを蓄積することが欠かせなくなる。

　以上のような技術とノウハウの優劣が、火力発電設備を供給するメーカーの競争力を決めるようになる。

12 バイオエネルギーの位置づけが変わる

　バイオエネルギーは最も柔軟性のある再エネだ。天候に左右されず出力調整ができるため、風力発電や太陽光発電のような容量クレジットの問題は生じない。また、燃料化が可能なので貯蔵ができ、季節変動に耐えることができ、再エネ資源の少ないところに運搬することもできる。熱供給ができるのも風力や太陽光にはない特徴だ。しかし、熱供給が広く普及しているドイツや砂糖産業と一体になっているブラジルなど一部を除くと、再エネの中心になっている例は少ない。

　優れた特徴を持つバイオエネルギーが風力発電や太陽光発電に比べて普及しない1つの理由は、利用方法が定まらないことだ。世界中に数多くのバイオエネルギーを使った発電機や熱供給機器がある。その分だけ、開発投資が分散し、量産効果も少なくなる。しかし、パリ協定で新たな電力システムの形が見えようになると、以下の理由からバイオエネルギーの利用が後押しされる可能性がある。

Opinion

 化石燃料との混焼が普及する

　「火力＋再エネ」が当面目指すべき電力システムであることが明らかになると、火力発電を積極的に利用する動きが出てくる。バイオエネルギーの視点で見ると、火力発電設備はバイオ燃料を高い効率で電力に転換できる装置と捉えることができる。長い歴史と市場競争の中で磨かれてきた火力発電設備の効率は、バイオ燃料の専焼設備よりはるかに高いからだ。例えば、木質バイオマスの専焼施設の発電効率は20％強しかないのに対して、最新鋭の石炭火力でバイオマスを燃やせば50％近い発電効率が得られる。しかも、火力発電設備は圧倒的な規模があるから相当な量のバイオマスを受け入れることができる。

　混焼の方が効率が高いのは以前から理解されていたのだが、ゼロカーボン

の理想を描き過ぎたため、化石燃料用の設備の利用を前面に出すことに一抹の後ろめたさがあった。しかし、「火力＋再エネ」という電力システムが当面の目標として共有されれば、理想にこだわったがゆえにバイオ資源を有効活用できない、という矛盾から脱することができる。

Opinion
 熱供給のニーズが増える

　再エネ導入の議論でバランスを欠いているのは、エネルギー消費の半分以上を占める熱の再エネ化の議論が少ないことだ。いかに風力発電や太陽光発電を増やしても、水素に転換でもしない限り熱の低炭素化はできない。電熱を合わせると、ドイツの再エネで最も多いのはバイオエネルギーである。バイオマスを使った熱供給が普及しているからだ。

　パリ協定の下で本気になって低炭素化を図ると、どこかの時点で系統電力の低炭素化の限界が共有されるようになる。そうなると、ドイツのように熱配管を敷設してバイオマスを使った熱供給を進める機運が生まれる。

Opinion
 再エネの流通が必要になる

　3大市場は、低コストの大規模風力発電により再エネの大量導入を進めている。今後、インドなどの熱帯・亜熱帯地域では、低コストの太陽光発電が3大市場の風力発電の役割を担う。しかし、例えば東アジアでこうした低コストの再エネの恩恵に預かれるのは、中国と東南アジアの日照条件の良い地域だけである。その他の地域では、国内で低コストの再エネを調達することができない。そこで考えられるのが、海外からの低コストのバイオマスの輸入である。すでに、日本でも海外から低コストのPKS（Palm Kernel Shell：パームヤシガラ）を輸入する事例が増えている。このように、バイオエネルギーにはパリ協定の下で新たな展開の可能性がある。

　一方、ここで述べた化石燃料技術の流用、熱供給、再エネ資源流通という課題は、水素がより効率的に解決すると考えられる。まだ、水素社会の実現プロセスは見えていないが、低炭素化を真剣に突き詰めると水素には他の技術にはない可能性がある。

13 メガ電力サプライヤーが復権する

 ドイツでは再エネの大量導入によりRWE、エーオンといった自由化市場で巨大化した電力会社が大きな損失を計上した。再エネ時代の到来は大電力受難の時代にも見える。しかし、以下の理由から今後はメガサプライヤーが再エネ市場での復権することになる。

Opinion
 市場の拡大が資金需要を増やす

 再エネ市場の拡大で、ウィンドファームやメガソーラーの規模が急拡大している。100MW級は当たり前で、GW規模に達する事業も珍しくなくなっている。こうした規模の拡大が再エネのコストを低下させ、普及を拡大した。その様は、かつて発電容量を数百kWからGWに拡大した火力発電の歴史に重なる。

 設備規模が大きくなると、豊富な投資資金を有する事業者の影響力が大きくなる。そして、2つの理由から、今後の再エネ市場では従来以上に事業規模の大きな事業者が有利になる。

 1つ目は、これまで述べたように再エネ発電事業のリスクが増すからだ。リスクを受け止めるためには、豊富な資金力と大きな事業規模が必要になる。

 2つ目は、自由化が進んだことだ。自由化前の電力会社には、日本の電力債のように制度に支えられた特別な資金調達手段があった。自由化後はこうした資金調達手段がなくなるので、自前の資金調達力の優劣が市場支配力を左右するようになる。

Opinion
 資源ポートフォリオも「火力+再エネ」に

 再エネが普及し始めた頃、「化石燃料を扱う伝統的な電力会社」対「再エ

ネに投資する新興勢力」というイメージがあった。しかし、最近では電力会社やエネルギー資源メジャーも再エネへの投資に積極的だ。欧州勢のロイヤル・ダッチ・シェルやBPなどは低炭素分野に積極的に投資している。

　エネルギー資源メジャーのこうした動きの背景には、地球温暖化の国際議論だけでなく、再エネが資源として採算の合う投資先になったことがある。トランプ政権の化石燃料シフトでアメリカのエネルギー企業はシェールガスに力を入れているが、中期的に見れば、エネルギー資源メジャーは化石燃料の一部を再エネに入れ替え、化石燃料と再エネにバランス良く投資していくようになる。彼らの巨大な資金力は世界のエネルギーバランスに大きな影響を与える。こうして、電力システムだけでなく、資源ポートフォリオについても「火力＋再エネ」が進むことになる。

Opinion
 エネルギー間の垣根が崩れる

　これまでの火力発電市場では資源、発電、設備の線引きが明確で、それぞれの分野に有力な企業が存在していた。しかし、エネルギー資源メジャーが再エネに投資するようになると、資源と発電市場の垣根が崩れる。再エネは発電設備があってこそのエネルギー資源だからだ。エネルギー資源メジャーに加えて、資源国も再エネをポートフォリオに組み入れるから、今後膨大な資金が再エネに振り向けられることになる。

　これまで、電力市場は電力会社同士が競う市場であった。しかし、エネルギー関連市場で圧倒的な資金力を持っているのは上流側の資源関連企業や資源国だ。彼らの巨大な資金が再エネに振り向けられるのは政策的に喜ばしいことだが、資源、発電、設備の囲いの中で事業を展開してきた企業にとっては今までにない脅威ともなる。

　一方で、電力会社も上流側の資源の調達力を高めているから、発電事業に軸足を置いた垂直統合戦略で対抗することができる。

14 分散電源の市場が拡大する

　パリ協定後の汎用モデルが「火力＋再エネ」であることは、系統電力の低炭素化に限界があることを示している。原子力発電を使わずにカーボンフリーの電力システムを作り上げるには、巨額の資金を投じて莫大な容量の蓄電池、揚水発電、バイオ燃料による調整電源、水素転換システム、需給調整システムを整備しなくてはならない。電気料金は今よりはるかに高くなる。

　パリ協定が究極的に目指すべきなのは、巨大な調整機能を備えた系統電力ではなく、以下のような優れた特性を持つ分散型エネルギーシステムである。

Opinion

 すでにカーボンフリーを実現している

　分散型エネルギーシステムが優れているのは、コジェネレーションとすることで、燃料の持つエネルギーを最大90％程度有効利用することができることにある。火力発電所で大量に放棄されている熱を有効活用すれば、10％単位で温室効果ガスを低減することができる。

　需要変動に強いことも分散型エネルギーシステムの長所だ。日本では今後、省エネと人口減で電力需要が減っていく。需要が最大の時代に作られた送電網は大きな負担となる可能性がある。分散型エネルギーは需要と供給設備が一体となっているので、供給力は需要減に合わせて自然と調整される。

　最近、日本を筆頭に太陽光発電設備やコジェネレーション、ヒートポンプ、蓄電池などを備えた自律型のスマートハウスやZEB（Zero Energy Building）に人気が集まっている。現段階では系統との接続を前提としている設備が多いが、完全自立を目指すシステムも少なくない。重要なのは、こうした設備が民間企業の収益事業として取引されていることだ。エネルギー費用の削減分だけで設備価格の上乗せ分を回収できない場合でも、需要家は経済性以外の価値を評価している。

Opinion
 需要家と供給側の分断をなくす

　需要家がエネルギー費の削減分で賄えない価格が乗った設備を買うのは、経済性以外のメリットがあるからだ。まず、ゼロカーボンを目指すと設備の質と快適性が増す。企業の場合はブランドや従業員の意識を高める効果が期待できる。スマートハウスを購入する場合もブランドに似た満足感がある。

　低炭素化は外部不経済を取り込むことだから、表面的にはコストがかかる。その意味で、表面的な経済性以外の価値を評価してスマートハウスやZEBを購入している姿こそ、パリ協定が目指す需要家のあり方と言える。

　エネルギーにまつわる問題の1つの原因は、需要家が発電現場の環境負荷や事情を考えることなく、料金を払えばエネルギーを好き勝手に使えると思ってきたことにある。仮に、庭先に発電機があったら、需要家は排気ガスの排出を抑え、発電機の調子に合わせて電気を使うはずだ。こうした需要家と供給側の一体感が、環境問題の解決には欠かせない。

　情報通信技術の発達で供給側と需要家をつなぐシステムの実装が試みられているが、十分な成果が上がっているとは言えない。供給側の問題を主体的な意識で捉える需要家が少ないことが原因だ。需要家と供給側が分断されたまま、情報提供量を増やしてもこうした状況を解決することはできない。

Opinion
 分散型エネルギーシステムはますます進化する

　スマートハウスやZEBが商品として成立するようになったのは、低炭素化技術の性能と経済性が大幅に向上したからである。太陽光発電はコストが大幅に下がったが、燃料電池コジェネレーションの性能と経済性の向上は太陽電池を凌ぐ。それを上回るのが制御システムだ。コストが大幅に下がっただけでなく、アプリケーションの充実などで性能も充実した。

　大規模発電でも性能と経済性が大きく向上した技術はあるが、総じて見ると需要側の方が技術革新が顕著だ。背景には、技術のダウンサイジングと情報通信技術の著しい進化がある。今後もダウンサイジングされた技術と情報通信技術は進歩するから、分散型エネルギーシステムの競争力は一層高まる。

15 ポストパリの時代が来る

　京都議定書がそうであったように、パリ協定も地球温暖化の抑制に向けた最終ゴールではなく、究極の目標達成に向けた重要なマイルストーンでしかない。我々は、世界中の人々の生活や産業活動を脅かす重要な問題を解決する方策をいまだ見出していない、という認識が重要だ。地球温暖化問題の解決には、今後もチャレンジと挫折と反省を繰り返しながら、究極の目標に向けて前向きに進め続けられるかが問われている。

Opinion
 地球温暖化問題を解決する技術を見出せていない

　大規模ウィンドファームは、再エネのコストを化石燃料に匹敵するレベルにまで引き下げた。しかし、皮肉にも電力の低炭素化を進めた技術が、低炭素化の限界を作ることになった。容量クレジットの天井に突き当たることがわかっている系統電力の再エネ化が低炭素化政策の中心になってしまったのは、系統電力という既存のインフラに頼り過ぎたことだ。

　系統電力を中心とした現状のアプローチは、手の就くところから低炭素化を図った結果である。脱炭素を真剣に考えるのであれば、前項で示した分散型エネルギーシステムのような次世代のシステムを考えなくてはならない。また、可搬性のある脱炭素の燃料を持たずに産業、交通分野での脱炭素を実現できるとは到底思えない。難しい課題があったとしても、水素燃料のような次世代の可搬性のある開発は不可欠なはずだ。究極の目標を達成するための技術の開発には数十年を要する。様々なしがらみを廃して、いつ、こうした技術の開発に向けた国際的なる合意が図れるかが問われている。

Opinion
 温暖化の影響を完全に把握できていない

　トランプ大統領の登場で、収まっていた地球温暖化懐疑論が復活した感が

ある。今になって懐疑論を唱えることには意味がないが、温暖化のメカニズムが完全に解明されていないことは確かだ。また、我々がどの程度の深刻な位置にいるのかもわかっていない。例えば、海水の温度上昇や酸性化、あるいは凍土などに蓄積された二酸化炭素の放出はどのくらい深刻な状況にあり、今後どのような影響を及ぼすかなど、まだわからないことが多い。

多くの人から、「今世紀に入って気候が顕著に変わり始めた」という声を聴く。こうした変化が加速するのであれば、エネルギーの低炭素化を進めるだけでなく、大気中の二酸化炭素の回収や二酸化炭素の封じ込めを進めるための資金を世界中から集める必要があるかもしれない。

京都議定書の合意から20年を経て、当時の合意レベルが地球温暖化の抑制に十分だと思う人はいない。今後も、地球温暖化に関する新たな事実が明らかになるだろうが、楽観的な事実が見出されることはあるまい。パリ協定の枠組みですら不十分と思われる時が来るのはそう遠いことではない。

Opinion

 成長と温暖化抑制の関係が見出せていない

地球温暖化が人類の活動の結果であるとして、我々がこれを真剣に食い止めようとするのであれば、このまま経済成長を続けるべきかどうかが問われるはずだ。しかし、地球温暖化問題と経済成長の関係については、「経済成長がなければ温暖化抑制のための投資ができない」などと指摘されてきた。問題の原因と事後の措置を混同した指摘だ。

また、本書でも述べている通り、どこの国でも経済成長を犠牲にしてまで温暖化対策を進めようとは考えていない。各国にとって経済成長は地球温暖化より重要な政策テーマなのだ。地球温暖化抑制の活動推進派の人でも、経済成長を犠牲にすることのリスクはよく理解している。しかし、経済成長を維持しながら地球温暖化を抑制できる、という一元的な議論には空虚さを払拭できない。

「経済成長を維持しながら地球温暖化を抑制することは可能」というプロパガンダを、ロジカルな社会システムの再構築プランに転換できるかどうかがいずれ問われることになる。

column 3

パリ協定を機に浮上する産業とは?

　2000年代になってから、日の丸半導体の失速、韓国などに席巻されてしまった液晶テレビ、韓国や中国に追い抜かれそうになっている蓄電池に見られるように、日本企業の劣勢が目立つ。エネルギーの世界でも、かつて日本の太陽電池は世界一の座にあったのに、今や中国企業に世界の市場を席巻されようとしている。

　残念なことではあるが、こうした事例にはいくつかの共通点がある。先端技術であること、特定の技術が製品の価値を多く決めてしまうこと、製造方法がそれまでの製品の延長線上にないこと、大胆な投資決定力がものを言うこと、などだ。見方によっては、新興企業が様々なしがらみのある伝統企業を打ち負かすための、格好の題材だったと捉えることもできる。

　パリ協定では、日本が競争力を失ってしまった産業の反省を活かしたい。要点は2つだ。1つは、先端技術だからといって引きずり過ぎないことだ。市場のシェアを高めるのに手に負えないほど巨額の投資を伴うと判断したら、先端技術でも早目にEXITして開発資金を回収した方がいい。もう1つは、産業の裾野を活かせる技術に注力することだ。精密部品や回転機、摺合せの多い自動車などは新興企業が短期間にキャッチアップすることはできない。

　次世代の経済を支える低炭素産業だからこそ、日本の技術と(反省を含めた)経験を傾注したい。

第4章

再エネ大再編時代に立ち向かう日本の戦略

1 再エネ市場での日本のポジションを定める

▶ 再エネ・エネルギーシステムの4つのタイプ

　パリ協定で始まる再エネ市場を捉えるためには、今後の世界市場の動向や、日本市場の位置づけとそこから得られる日本の強みを押さえておく必要がある。

　今後の世界市場は、大きく4つのタイプの市場に分かれる（**図4-1**）。なお、ここでは再エネの変動調整を火力発電が担うこととしているが、原子力発電を計画的に導入できる場合は、原子力発電が変動調整の一役を担うことになる。しかし、第3章で述べた通り、日本国内だけでなく、世界的にも原子力発電の動向が見通しにくくなっているため、わかりやすく「火力＋再エネ」という表現で統一した。

①再エネ中心型市場

　再エネだけで、変動調整も含めて国内の電力需要を賄える国である。火力発電などによる変動調整の必要のない再エネとしては水力発電やバイオマス発電、地熱発電などがあるが、国の電力需要を賄える電源となると、現状では大規模水力に限られる。電力需要を賄える水力資源を有しているのはカナダ、ノルウェーなど限られた国になる。

②「火力＋風力」型市場

　本書で詳しく述べた、EU、アメリカ、中国を典型とする市場である。火力発電を凌ぐほどのコスト競争力を備えた大型風力発電設備、大規模ウィンドファームが再エネの中心になる。風力発電設備を供給するのは欧米のトップメーカーと中国メーカーである。大規模な発電事業に投資するのは大手電力会社、エネルギー資源メジャー、そして中国の国営企業ということになる。発電設備、発電事業ともに再エネの世界でトップレベルの資金力と技術力を持った企業が参入するハイレベルの市場と言える。

　火力については、日欧米ではコンバインド型天然ガス火力が中心となる。

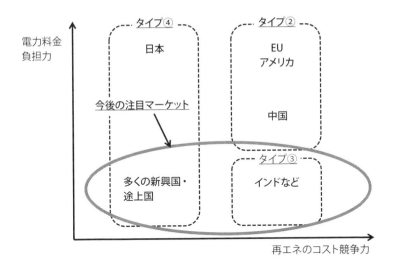

図4-1　再エネを軸としたエネルギーシステムのタイプ

極限の効率を目指す技術力が勝負となる市場だ。この分野で先頭グループを走る企業の顔触れは従来から決まっている。今後の焦点は、国内の石炭から天然ガスへのシフトで力を増す中国企業がグローバル分野でどのくらい勢力を拡大するかだ。

中国でも天然ガス火力が拡大する。しかし、発電シェアで見れば、当分の間は石炭中心の市場構造が続く。ただし、大気汚染の元凶の1つが石炭火力であるとの認識が国民に浸透しているため、石炭火力の環境性の向上は必須の政策テーマになる。

このタイプに分類されるのは、ドイツ、デンマーク、イギリスのような北部欧州諸国、アメリカ、ロシア、中国といったところだ。ドイツやデンマークは、電力の総需要と風力発電の発電量との比較では①に属するようにも見えるが、風力発電の変動をEUの火力発電で吸収しているので②に分類される。

③「火力+太陽光」型市場

市場の趨勢が概ね決まっている「火力+風力」型市場に比べて、これから立ち上がるのがこの市場だ。日照条件の良い新興国・途上国がパリ協定の下で、自らの力で低炭素投資を進める上、毎年先進国から1,000億ドルの資金

が投入され、新たなエネルギーシステム作りが始まる。第3章で述べたように、多くの企業に参入機会がある市場だ。

3大市場のような低コストの風力発電を持たず、経済力も高くない新興国・途上国が日照条件の良さを活かして太陽光発電を大量に導入する際の必須条件は、何と言っても低コストであることだ。エネルギー転換効率よりも、とにかくkWh当たりのコストの低さと、事業期間中に稼働率を維持できる信頼性が勝負を分ける。そうした観点から言うと、新興国・途上国の「火力＋太陽光」型市場は、中国の太陽光発電メーカーが世界シェアを一層高める機会となる可能性が高い。ただし、晴天の下で火力発電に匹敵する経済性を発揮できる可能性のある地域は少なくないが、晴天率が低い、広大な用地が少ないなどで②に属する国の数は必ずしも多くない。

この市場での火力については、石炭火力が中心になる。石炭火力を「座礁資産」とする指摘もあるが、いくつかの点で全世界的に火力発電の天然ガスシフトが起こることは考えにくい。

まず、発電コストが高い。パリ協定で世界中の国が地球温暖化抑制の動きに参加したが、経済成長を犠牲にしていいと訴える国は皆無だ。理念的には、「経済成長を犠牲にしてでも環境保全に努めるべき」という価値観がもう少し勢力を増してもいいとは思うが、経済優先の価値感は変わる見込みがない。特に新興国・途上国は、先進国よりその傾向が強い。新興国・途上国に先進国がコストの高い天然ガスへのシフトを強要する姿勢は理解を得られない。地球をここまで汚したのは先進国だからだ。「天然ガスシフトをしろと言うなら、資金を提供しろ」と言われても仕方がない。

一方で、供給安定性の問題もある。シェールガス開発で天然ガスの需給が緩んでいるが、世界中が天然ガスにシフトしたとき、需給がタイトになる可能性があるし、産地が限定されている問題もある。アメリカのシェールガス輸出が話題になるほど、シェールガスを輸出できる地域は限られている。また、アメリカの政権が変わったことで、「輸出元がアメリカだから安心」とは必ずしも言えなくなった。

これに対して石炭は、産地が世界中に分布しており価格も安定している。経済力や政治力に劣る新興国・途上国に、リスクのある資源へのシフトを強要するような流れを作ることが正しいとは思えない。

④再エネの組み合わせ＋火力型

　タイプ②は、大陸特有の安定した強い風と、大規模ウィンドファームを建設するための広大な土地か大陸棚が必要となる。また、タイプ③では高効率の太陽光発電のための強い日照と長い日照時間、メガソーラーを建設するための広大な土地があることが条件だ。これらは再エネを中軸とするエネルギーシステムの典型であるが、数としては条件を満たせない国の方が多い。こうした国では①・②・③に比べて、高いコストをかけて再エネを導入しなくてはならない。

　①・②・③に属する国は、大規模ウィンドファームやメガソーラーのコストが火力発電に匹敵するようになって、FITからEXITできる可能性がある。送電網への優先的な接続条件は残るかもしれないが、賦課金がなくなることは容易に想像できる。

　日本は①・②・③に該当しないので、④に属することになるが、コスト面で火力発電に匹敵する再エネが登場することは想像できない。太陽光発電は②に属する国ほどの発電効率が期待できず、kWh当たりの建設費も高い。風力発電については、低コスト大型ウィンドファームの主流になりつつある3,000kW級を多数備えたウィンドファームを建設できる立地がなく、風況も良くない。バイオマス発電についても、強い農業や林業、砂糖産業などを背景としたバイオマスがない。

　多様な再エネによるエネルギーミックスと言えば聞こえは良いが、実態はこれといった再エネを持てないことに他ならない。日本のような国の国民は、永遠にFITの賦課金を負担しなくてはならない可能性がある。

▶ 新たに生まれる再エネ格差

　こうした①・②・③・④の国の再エネ環境の差は、地球温暖化抑制に関する今後の国際的な議論に問題が提起される可能性を示唆している。たまたま自然環境に恵まれた国が、自然環境に恵まれない国と共通の目標を掲げることが正しいのか、という疑問が湧くからだ。何のことはない。化石燃料の資源国が力を持った世界から、低コストの再エネの資源を持った国が力を持つ世界に変わるだけではないか、との見方もできる。こうした状況を放置して温室効果ガスの削減を進めれば、④に属する国は国民生活と産業活動の負担

を抱え続けなくてはならない。

そこで考えられるのが、再エネのコストが低い国に集中的に再エネ投資を行い、世界に配分した方が効率的であり、フェアではないかとの意見である。この点については、後で詳しく述べる。

④のタイプの国の火力発電は国の資源調達環境、産業構造、経済レベル、政策的な考え方によって変わる。資源調達力が強く、経済レベルが高く、石炭産業が強い政治力を持たない国では天然ガスシフトを進めるだろうが、経済力の低い国は石炭火力の比率をむやみに落とせない。また、日本のようにエネルギー資源を多様化する政策を持つ国では、一定程度石炭火力が残る。いずれにしても、①・②・③に再エネのコストでハンディを負う訳だから、火力発電については経済性を重視する必要がある。

▶ 再エネ産業2つの選択肢

日本の再エネ政策、エネルギー関連の国際的な事業戦略は上述した再エネモデルの分類を前提に検討すべきだ。パリ協定の下での再エネを中心とした低炭素型の産業は今後の最大級の成長分野だ。エネルギー分野に絞っても、その範囲は、再エネ資源、発電技術、送配電技術、需給双方の制御技術、資源の輸送、建築、インフラなど極めて広い。その市場をリードできるかどうかは、日本の経済および産業の成長に大きな影響を及ぼす。

ここまでの経緯から、世界の再エネ市場をリードするには以下の2つのアプローチがある。

1つ目は、自国内の市場で培った技術や事業資源を足がかりに、国際市場に展開する方法である。風力発電で世界市場の上位にいる企業は、ほぼ例外なくこのタイプに該当する。太陽光発電についても、世界に先駆けて住宅用太陽光発電の仕組みを作った日本の企業、固定価格買取制度をいち早く導入したドイツの太陽光発電メーカーが一時は世界市場をリードした。

再エネだけでなく、自国市場を足掛かりに世界市場をリードするのは、インフラビジネスの基本パターンである。例えば、水ビジネス（上下水道）などはその典型である。火力発電の世界でアメリカ、ドイツ、日本の企業が世界をリードしているのは、もともとも技術基盤が高かったこともあるが、国内の電力市場が高いレベルの技術を追求したためである。

2つ目は、当初からグローバル戦略を考え世界市場をリードすることである。このタイプに該当するのは中国の太陽光発電メーカーである。中国の太陽光発電メーカーは国内の太陽光発電市場が拡大する前から、グローバル戦略を立案し、世界市場での地位を高めていった。自国の市場が育っていない段階で、世界市場で勢力を拡大するのは容易ではない。実際、一時世界市場のトップに立ったサンテックパワーは、世界市場の変化に対応できず経営破綻した。現在、世界市場をリードしている中国企業は、独自のグローバル戦略を持ちながら、こうした先達の経験に学んで市場に適合し力を着けてきた。

　太陽光発電の市場で、1つ目のタイプの企業と2つ目のタイプの企業が競った結果は、2つ目のタイプの勝利に終わったと見ていいだろう。しかし、だからといって、産業モデルとして2つ目のタイプが優れていると言える訳ではない。

▶ 注目すべき中国モデル

　一時、中国には数百の太陽光発電メーカーがいたとされる。中には、優秀な経営者に率いられてきた企業も数多くいた。それらが切磋琢磨し、成長と淘汰を繰り返すことで、自国の太陽光発電市場が出遅れる中、世界的なメーカーが何社も輩出した。旺盛な起業家精神を持つ数多くの企業が競争を繰り広げる、中国ならではの産業モデルの賜物と言える。企業数の面でも起業家精神の面でも、日本が真似ることができないモデルだ。

　一方、風力発電については、中国企業も1つ目のタイプの戦略で世界市場に展開してきたと考えることができる。こうした風力発電と太陽光発電に関する中国企業の戦略の違いは技術の違いにある。風力発電は基本的に成熟した技術の組み合わせだから、技術革新で市場をリードする余地は比較的少ない。また、多くの部品を必要とするため、広い産業基盤と部品を調達するための企業力が必要だ。

　これに対して、当時の太陽光発電は技術革新で市場をリードできる余地が大きく、部品点数が少なく、中核技術さえ確保すれば商品を構成する部品を調達する負担が低かった。さらに、生産体制を整えれば、生産量を一気に拡大できるという特徴もある。

技術的には、こうした特徴を持つ太陽光発電設備が、FITが普及する時代に、技術革新の余地を残して商品化されたことが中国企業の飛躍を支えた。

▶ 再エネ産業における日本の選択肢

以上のような、再エネビジネスの成長の歴史を振り返ると、日本が取るべき戦略は、自国内で④の市場をリードするようなエネルギーシステムを作り上げ、それを足掛かりに世界市場に展開するしかない。ドイツのような華々しい再エネ市場にはならないかもしれないが、前述したように、日本と同様④に属する国はたくさんある。個々の市場規模としては、②に属する3大市場、③に属するインドのような熱帯・亜熱帯の市場に敵わないが、数としては④に属する国の方が多い。そのことに自信を持ち、ブレないで戦略を展開することが重要だ。

パリ協定が発効したこともあり、再エネで先行するEUなどの電力モデルの話が持ち込まれるケースが増えている。もちろん、ドイツなどの取り組みには学ぶべき点が多く、東日本大震災を経ながらも定まらない日本のエネルギー政策や企業戦略に問題は多い。しかし、一方で本書で述べているように低炭素のエネルギーシステムは、その国の自然環境、技術レベル、経済力、価値観で大きく異なる。

これは、世界市場から燃料さえ持って来れば、どこの国でも同じようなエネルギーシステムを作ることができた化石燃料の時代とは大きく異なる点だ。再エネを取り巻く環境が異なるEUのエネルギーシステムの考え方を金科玉条のように持ち込んでも、次世代の日本のエネルギーシステムを作り上げることはできない。

今の日本にとって必要なのは、3大市場との違いを認識し、日本の強みを活かせるエネルギーシステムをしっかりと作り上げることだ。それは日本だけでなく、化石燃料と匹敵する経済性を持つ大規模ウィンドファームや高効率太陽光発電を持たない多くの国の次世代エネルギーシステム作りにも貢献することになる。

2 パリ協定の下での日本の8つの戦略

▶ 戦略作りに向けた日本の特徴

　パリ協定の下で、日本が世界に認められるエネルギーシステムを作り上げ、それを基盤として日本企業が成長するためには、日本の特徴に基づき、日本の強みを活かすことができるモデルを考えなくてはいけない。

　その際、重視すべき日本の特徴は以下のような点である。

　1点目として、再エネについて見ると、日本には化石燃料に匹敵する経済性を有する風力発電、太陽光発電はない。この点を踏まえず、低コストの大規模ウィンドファームを擁するEUなどと同じエネルギーシステムを導入すると、国民負担が大きくなるだけでなく、国際競争力のある企業も生まれない。

　2つ目として言えるのは、日本は世界をリードする省エネ技術大国である、という点である。海外を歩いていて、残念ながら日本の再エネ技術が評価される機会は稀だが、どこに行っても省エネ技術は高く評価される。

　3つ目は、技術面に目を向けると、日本は火力発電でドイツやアメリカなどと並び、世界トップクラスの技術力を有していることだ。中国企業および韓国企業の台頭で競争は厳しいが、パリ協定で火力発電には一層の効率性と環境性が求められるようになるから、日本企業が技術力をアピールできる機会は増える。また、先進技術でも燃料電池については、特に住宅用や自動車向けなどで世界をリードしている。

　4つ目として、インフラに目を向けると、日本ならではの特徴がある。特に一般廃棄物の焼却施設が1,000カ所近くあり、発電設備を備えている施設が増え、発電効率も着実に向上していることはエネルギーシステムに反映できる。廃棄物発電施設は概ね市町村単位で整備されており、有効に使えば全国レベルのシステムを作り上げることができる。

　5つ目は、これが最も重要な点だが、日本には先進的な省エネ・再エネ技

術を購入する意識の高い国民と企業がいる。例えば、日本がハイブリッド車で世界をリードできるようになったのは、日本企業の高い技術力と消費者の高い意識がシンクロナイズしたことの成果である。

　こうした点を踏まえた上で、パリ協定の下、日本が強みを発揮し成長性のある産業を育てるためには、以下の8つの戦略が考えられる。

戦略1：大市場向け再エネサプライヤーに見切りをつける

◇**状況厳しい大規模設備サプライヤー**

　3～6kW級の陸上と大陸棚での大規模風力設備、あるいは低コストのメガソーラー用の太陽光パネルを供給するビジネスは今後の成長が期待される。しかし、これらの設備・機器の市場は世界的な趨勢が決まりつつある。風力発電は当初欧米系がリードしていたが、近年では中国企業の勢力拡大が著しい。太陽光パネルの市場は風力発電以上に中国企業の勢いが顕著だ。しかも、第3章で述べたように今後、中国の再エネ市場が他国市場を圧倒する勢いで伸びるから、中国企業の勢力はますます強まる。

　専業が多く大胆な戦略が取れること、グローバル目線で経営する企業が少なくないこと、資金力があること、中国市場で有利な立場にあることなどから、中国企業の勢いを止める勢力は見当たらない。日本では中国に関する情報が適切に提供されていないから、政策サイドも企業も中国企業の実力を甘く見ている。しかし、冷静に見れば、大規模風力発電設備やメガソーラー向け太陽光パネルの分野で日本企業が対抗することは難しい。

　製造業大国であることから、企業も政策サイドも日本が製造業で競争力を増すことを政策や企業戦略の条件としがちだ。しかし、勝ち目の薄い市場に開発資金を注ぎ込んでも投資を回収することができないし、時には大きな損失につながる可能性もある。

◇**求められる戦略の絞り込み**

　パリ協定の下で加速される低炭素産業で日本が事業を拡大するために、まず初めにやらなくてはいけないのは戦略の絞り込みである。過去にとらわれず、現状市場を見て、勝ち目の薄い市場に見切りをつけることから産業・事業としての成功は始まる。大規模風力発電設備、メガソーラー向け太陽光パ

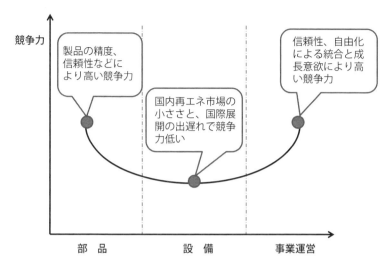

図4-2　大規模再エネの日本の競争力

ネルの製造は、低炭素化市場の中で中核とも言える事業だが、上述したように日本は相当に厳しい地位にいる。特に、大規模風力が再エネの中心となる3大市場向けの風力発電設備の市場での競争は厳しい（**図4-2**）。

これから成長する新興国・途上国のメガソーラーは、大規模風力に比べれば可能性があるが、中国企業に対抗できる体制を整えるのには相当の知恵と工夫が要る。劣勢をカバーする1つの方法は、新興国・途上国支援の政策との連動だが、この点でも一帯一路などの中国の戦略は強力だ。

風力発電設備やメガソーラー向けパネルの市場では、ニッチになることを厭わず、技術の適性や政策との連動性、対象国との関係などから、徹底的に市場を絞り込むことが必要となる。

戦略2：メガ電力オペレータを育成する

◇オペレータビジネスを後押しする自由化政策

大規模風力発電設備やメガソーラー用パネルの市場では、ポジションを確保するのが難しいが、発電事業を行う電力事業者となると話が違う。この市場でも世界中に電力会社や資源会社、設備メーカーなど強力なライバルがい

るが、設備・機器供給の市場のように日本が劣勢である訳ではない。

　鍵を握るのが、日本国内での電力・ガス事業の自由化だ。2020年から、電力会社は発電、送電、小売の会社に分離されることになる。東京電力は福島第1原子力発電所の事故に伴う経営改革の中で、政策に先行して2016年に分離を行った。その動向を見ると、発送電分離は電力会社の行動様式に2つの変化をもたらすことがわかる。

　1つは、発電事業会社、送電事業会社、小売事業会社がそれぞれの戦略に基づいて事業を拡大するようになることだ。自由化前の電力会社の発電部門は、送電網の中の電力需要に応えることを目的に運営されていた。自由化後は発電場所や送電する相手先の所在地に縛られることなく、自由に発電事業を成長させることになる。

　もう1つは、海外志向が強くなることだ。自由化の流れが確実になると、日本の本当の電力需要の予測が公開されるようになった。規制下では、日本の電力需要が大きく減退するような需要予測が示されることは稀だったが、最近では電力事業に関わる多くの人が日本の電力需要が10％単位で減少することを知っている。そこで、事業を成長させようとする発電事業会社は積極的に海外展開を図るようになった。同じように、大手ガス会社も電力事業に参入した結果、海外市場を目指すようになっている。

◇**信頼性で勝負できる日本の電力会社**

　日本の電力会社の事業運営能力に対する評価は高い。日本の電力会社の参加は、安定した発電事業を求める海外の送電会社からも、発電事業への投資家からも歓迎される。企業としての規模も大きい。東京電力と中部電力による新設発電部門の統合のために設立されたJERAは、既存火力まで統合が進むと世界でも有数の発電事業者となる。すでに、海外の発電事業に参加しているだけでなく、LNGの調達では高い競争力を発揮し、石炭のグローバルトレーディングにも進出する。

　JERAに倣って今後、他の電力・ガス会社の間でも合従連衡が進めば、JERAに次ぐ強力な発電事業者が登場する可能性もある。こうした事業者が大規模風力、メガソーラーの運営事業に参加すれば、仮に風力発電設備や太陽光パネルが外国企業製であっても、国際市場で高い競争力を発揮することができるはずだ。大規模再エネ設備ビジネスでの劣勢を跳ね返すことができ

るかもしれない。そうなれば、日本の電力・ガス自由化政策の大きな果実となる。

戦略3：日本型の再エネシステムを作り上げる

◇**日本の強みを活かす**

　日本企業が拡大する再エネ市場で成長していくためには、日本ならではのエネルギーモデルを構築し、そこで培われた技術やノウハウを世界の市場に展開していくことが必要である。その大前提となるのは、2つの点である。

　1つは、3大市場に引っ張られて大規模ウィンドファームやメガソーラーに頼り過ぎたシステムを作らないことである。欧州北部のように安定して強い風が吹かず、周辺国との送電網の連携がなく、50Hzと60Hzで送電網が分断され、海岸線が複雑で山地が多いなど風力発電の環境は大きく異なる。そこで、EUの「火力＋風力」のエネルギーシステムを真似ても、経済性が得られないだけでなく、産業面での競争力も生まれない。

　もう1つは、日本の強みを活かすことである。再エネについて、海外諸国に比べた日本の強みは2つある。

　1つ目は、一般廃棄物の焼却施設が広く普及しており、発電効率および環境性ともに世界トップクラスにあることだ。

　2つ目は、太陽光発電、コジェネレーション、エネルギーマネジメントシステムなどを自らの負担で設置する意識の高い企業・国民が多く、意識の高い需要家向けのシステムが数多く開発されていることである。

　これを活かした日本版再エネシステムの要点は以下の通りだ。

◇**FITの単価を適正化する**

　3大市場の再エネの中核である風力発電については、コストの低い立地を中心に普及を図る。そのために必要なのは、FITの買取価格を適切なレベルまで下げることだ。EUの大規模風力発電の最低コストを叩き出しているのは、3～6kW級の大型風力発電機を使った大規模ウィンドファームだから、日本の風力発電のベンチマークとするには無理がある。2kW級であれば日本でも設置可能だから、買取単価はEUなどでの2kW級のウィンドファームの価格をベースに、地震対策など日本ならではコストアップ要因を付加して

決める。国際価格を無視した制度施行当初の失敗を繰り返さないことが重要だ。

メガソーラーについても、EUのコストにコストアップ要因だけを付加した単価を設定する。メガソーラーについて日本は国際競争力を持っていないのだから、国内のコストに基づいた買取単価を設定することに産業政策的な意味はない。

◇**分散型でエネルギーIoTを育てる**

太陽光発電については、ルーフトップなど自家発電用のシステムの普及を図る。需要家は、コスト以外の価値も含めて自家発電設備を調達する。住宅では、コジェネレーションやエネルギーマネジメントシステムといったエネルギー関連の設備に加えて、環境性が高く快適な躯体や便利な家電などが一体となったスマートハウスが新たな価値を創り上げた。工場では、自家発電設備が設備管理と結びついて一体的なシステムに発展し、自律性のある工場が誕生している。ビルについてはエネルギー消費に対する太陽光発電の貢献度はわずかだが、ヒートポンプやコジェネレーションなどとともに需給一体のエネルギーマネジメントシステムで制御され、セキュリティシステムなどと結びついてインテリジェントZEBとして進化する。

こうした住宅、工場、ビルは不動産を対象としたIoTそのものだ。最近、経済性と性能の著しい向上でセンサリングへの関心が急速に高まっているが、不動産は最も多くの関心を集めるセンサリング対象の1つである。分散型システムの普及は、施設を対象としたIoTのパッケージを創り上げる格好の機会である。

◇**日本版バイオマス供給ラインを創る**

コストの低い大規模ウィンドファームやメガソーラーのない日本が独自の再エネを構築するには、バイオエネルギーの使い方が鍵を握る。バイオエネルギーを上手く使っているドイツ、ブラジルなどに共通しているのは、バイオマスの供給コストが低いことである。大量のバイオマスを収集する既設の供給ラインのないところに、効率的なバイオエネルギーが実現することはない。そうした意味で日本が最も注目すべきなのは、毎日10万トンもの一般廃棄物が廃棄物焼却施設に搬入されているバイオマス供給ラインである。

廃棄物処理の収集ラインと廃棄物処理施設は廃掃法に基づく資金で整備、

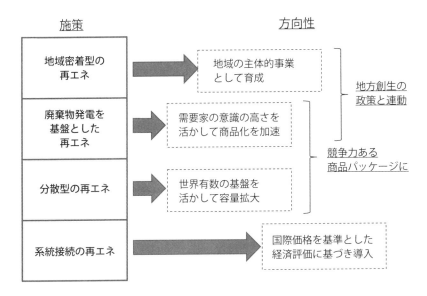

図4-3　日本の再エネの構造

運用されているため、エネルギー事業として負担しなくてはならないバイオマスの収集、処理コストは半減する。しかし、廃棄物削減の政策が功を奏して近年廃棄物処理量が減り、廃棄物処理施設の稼働率は半分強しかない。一方で、高効率の廃棄物発電を行うため、発電効率20％以上とすることが廃棄物焼却施設の補助金の要件となっている。新しい施設の発電効率は大型の木質バイオマス発電施設の効率と変わらない。

そこで、廃棄物処理施設に周辺地域の木質バイオマスを投入し、廃棄物発電の発電量を増やす。一般廃棄物の熱量は2,000kcal/kg程度で、木質バイオマスはその2倍程度の熱量があるため発電効率を高めることもできる。

一方、廃棄物の熱量の半分以上は熱として放出されているので、熱配管を敷設して周辺地域に供給する。こうすることで既存の資産を使い、地域のバイオマスを最大限有効に使うことができる。

パリ協定の下での再エネを軸としたエネルギーシステムを築き上げるには、もちろんまだ細かい点が必要になる。しかし、電力システムについては上述した、系統につなぐ再エネを日本の事情に見合ったものにする、日本ならでは分散型システムを活かす、日本の強みを活かしたバイオエネルギーシ

ステムを作ることが要点となるはずだ（図4-3）。

戦略4：分散型エネルギーシステムで世界をリードする

◇系統中心の低炭素化は限界になる

　本書で述べているように、系統に再エネ電源をつなぐことにより低炭素化を図る、という現在の取り組みは早晩限界に直面する。供給者と需要家が分断された大規模集中型システムで、パリ協定が目指す低炭素化を実現することはできない。ZEHやZEBが商品化段階にあり、系統電力に依存しない工場が誕生しているように、自立的な分散型エネルギーシステムにこそゼロカーボンを実現できる可能性がある。

　理論的には広域送電網に大量の蓄電池を接続すれば、ゼロカーボンを達成することはできるが、電気料金を大幅に引き上げることになり現実的ではない。一方、ZEH、ZEB、自立型の工場では、系統電力をゼロカーボンにするのと同等ないしはそれ以上のコストかけて、ゼロカーボンを実現しようとしている。こうした大規模集中型と分散型エネルギーシステムの違いは2つの点に起因する。

　1つは、分散型エネルギーは需要家自身が投資リスクを負っていることだ。個人がゼロカーボンへの投資に対して、事業用資産と同程度の回収率を求めることはない。個人の価値観の中で採算が合えばいいからだ。

　家庭が太陽光発電を導入した際には、売電収入や回避コストに期待値が含まれるし、高い投資回収率や資金コストを考慮することもない。これに対して、投資資金を使って太陽光発電などに投資すれば、売電収入や回避コストを控え目に見積もった上に、10%を超える投資回収率を求める。企業が分散型エネルギーシステムを導入する場合はこの間だが、どちらかと言えば家庭に近いのではないか。

◇需要家のエネルギーシステムへの参加を促す分散型エネルギー

　こうした投資回収の考え方は、回収に鈍感な家庭や企業に負担を押しつけるということではない。分散型エネルギーシステムを導入する家庭や企業も、回収リスクがあることは百も承知だ。それでもリスクを取って新しいエネルギーシステム作りに参加しよう、との意識を持っていることが尊いので

ある。

　需要家が投資リスクを取るもう1つの理由は、前述したように、ゼロカーボンへの投資がエネルギーコスト以外の付加価値を生むからである。

　パリ協定が目指す究極の低炭素社会は、投資家が再エネ資産を投資回収の対象としてしか捉えず、需要家が経済性第一で電力を選択する大規模集中型で実現することはできない。需要家が主体性を持つ分散型エネルギーシステムこそ、将来の低炭素社会のソリューションの1つである。

◇需要家の意識の高さを活した商品を作る

　ゼロカーボンを目指した分散型エネルギーシステムを実現するためには、需要家の意識の高さが必要である。需要家の意識の高さを抜きに、技術や制度でゼロカーボンを達成できるという考え方は間違っている。超低炭素社会の実現には需要家の意識改革が不可欠なのだ。そして、需要家の高い意識の下で、部分的にでもエネルギーシステムが作られつつあるのが日本だ。そこで、次世代を担う商品やシステムが普及すれば、ハイブリッド車が自動車業界の構造を変えたように、日本が超低炭素社会をリードすることができる。需要家が参加する分散型エネルギーシステムこそ、ゼロカーボン時代のエネルギーシステムだ。

　他国が追いつこうとしても、国民や企業の意識改革には相当に長い時間がかかる。日本は、需要家の意識では世界の最先端を走っている。この点について自信を持って、以下のような政策を講じるべきだ。

　1つ目は、スマートハウス、ZEBなどの分散型エネルギー関連の商品を購入する場合の税制面での優遇だ。温室効果削減の効果を評価して、各種の税金を効果的に減免すれば、分散型エネルギーシステムの商品パッケージが普及する。

　2つ目は、核となる技術への開発支援だ。燃料電池コジェネレーション、蓄電池、ヒートポンプなどの効率と経済性が向上すれば、分散型エネルギーシステムの経済的な競争力は一層高まる。

　3つ目は、規制緩和だ。例えば、スマートハウスを集積したスマートタウン内での電力融通の自由度を上げれば、街としての魅力が上がる。低炭素化の鍵を握る未利用熱や再エネの熱利用に欠かせない熱導管の敷設にも、多くの規制が関わる。

戦略5：省エネ技術で世界をリードする

◇現場力が作る日本の省エネ力

　海外で日本の再エネを評価されることはほとんどないが、例外なくと言っていいほど、省エネについては高い評価を受ける。温室効果ガスを効果的に削減するためには、（温室効果ガス削減量）／（投入コスト）を比較するが、省エネは再エネに比べて投資効率の高い方法と言われる。日本の強みを活かして温室効果ガスを削減するためには、省エネに磨きをかけることが重要だ。

　日本が省エネに強い理由は、省エネには設計や運用方法の改善の積み重ねが必要だからだ。例えば、需要側でエアコンのエネルギー消費を減らす場合、供給側でガスエンジンの効率を上げる場合、様々な設計・運用上の改善が省エネにつながる。現場に勤勉で優秀なエンジニアを数多く抱える日本企業の得意とするところであり、同様の組織構造を持たない国が追随することは難しい。もちろん蛍光灯からLEDへの転換のように、革新技術がエネルギー消費を劇的に低下させる場合もあるが、省エネの多くは現場力の積み重ねである。

◇省エネで産業力を高める

　省エネは産業力の向上にもつながる。積み重ね型の省エネを生み出す現場の工夫の中には、製品の性能や信頼性の改善につながるものもある。現場での工夫に省エネと性能改善の境はない。日本の省エネと日本製品の信頼性は表裏一体の関係にある。省エネを突き詰める企業行動を持続させることは、温室効果ガスを削減しながら日本の産業力を高めることにつながる。

　問題は、どのようにすれば省エネを後押しできるかである。省エネ製品が企業の現場の工夫の賜物であるとすれば、そうした取り組みのモチベーションを高めることが必要だ。そのためには、省エネの工夫を重ねた商品が市場で評価されるような制度や仕組みを作ればいいことになる。

　企業側では、省エネ商品を売るためのスキルを高めることが重要だ。省エネ製品は工夫と作り込みが多い分価格は高いが、長い目で見れば燃料代が減ったり、耐用年数が長くなったりすることで経済的な効果が大きい。こうした省エネ型設備の価値を評価してもらうには、ライフサイクル視点で製品

の価値を訴えないといけない。営業資料でライフサイクルコストの低さを示し、営業マンに説明力をつけるのは基本的な取り組みだ。さらに付加価値の高い製品の価値を評価してもらうには、設備選定の方法や事業方式などが決まる設備調達の上流過程への食い込みが欠かせない。そのためには、コンサルテーション能力を持った人材の育成が必要になる。

戦略６：火力発電の技術に磨きをかける

◇日本の地位が高い火力発電

　日本が世界のエネルギー設備のビジネスで確固たる地位を確保していくためには、発電容量の大きなビジネスで有利なポジションを確保することが重要だ。上述したように、世界的に拡大することが確実な大規模風力発電とメガソーラーの分野で、日本がポジションを占めるのは難しい。そこで、冷静に市場を分析した上で目を向けるべきなのは火力発電である。低コストの大規模再エネ発電設備に比べると、火力発電分野での日本企業の地位は高く、世界の上位を維持ないしは向上できる可能性が高い。

　「座礁資産」という呼び名もあるが、火力発電は大規模風力発電やメガソーラーが増えるほど必要になるという関係にある。現状、この仮説が崩れる可能性があるのは、原子力発電が予想外に拡大した場合だけだ。第３章で述べたように、東京電力福島第１原子力発電所の事故の影響は、原子力へのアレルギーを生んだだけでなく、原子力発電のコストを大幅に高めてしまったため、原子力の大幅拡大の可能性は低い。

　第３章で述べた通り、火力発電では技術革新が重要なテーマとなる。おさらいすると、「発電効率の向上」、「CCSのような環境負荷低減のための技術開発」、「変動対応性の向上」、といったテーマを上げた。技術開発の要点を絞り込んだ上で重要なのは、どのように技術開発を後押しするかだ。その際のポイントは、インフラビジネスの王道は国内市場で足場を作って海外に展開する、という基本に立ち返ることだ。

◇火力発電の技術開発を重要政策とする

　日本は３大市場のような低コストの再エネを持たず、FIT発効当初のメガソーラーバブルで期せずして変動の大きな太陽光が大量導入され、原子力発

電の復帰が予定通り進まないという悪条件が重なり、他国以上に火力依存が高まっている。この流れは将来も変わりそうにない。そこで、火力発電の技術開発をエネルギー分野の重要政策課題に掲げ、技術開発を後押しする。具体的には、

○ 発電効率については、一定上の効率を達成した発電所に対して税制面で優遇を与える
○ CCSについては技術開発を予算的に支援し、実証事業を積極的に進める
○ 変動対応の技術についても、技術開発を後押しするとともに、自由化後の送電網運営の中で実用化を進める

といった取り組みが考えられる。

パリ協定では5年ごとに各国が自国の取り組みをアピールし、新たな目標に関する議論を行う場が持たれる。新興国・途上国との連携を強めていけば、火力発電の技術革新が次世代のエネルギーシステムに欠かせないという「事実」を共有することができる（図4-4）。その上で日本の取り組みをアピールすれば、世界の理解を得て、日本の技術を海外に展開する機会を増や

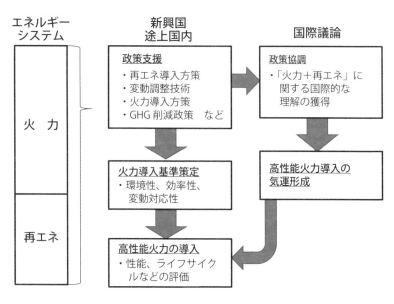

図4-4　火力発電に関する新興国・途上国との連携イメージ

すことにつながる。

戦略7：日本びいきの国を増やす

◇シンパシーのある国の輪を広げる

　日本のエネルギー技術の海外展開と、パリ協定での交渉の円滑な推進のために重要なのは、日本にシンパシーを持つ国を増やすことである。現状でも、過去のODAや日本企業の進出などで、東南アジアには日本と良好な関係を持つ国が多い。こうした国では、ビジネスの議論をしていてもやりやすいし、日本企業を顧客としている企業も多いため日本製の技術の導入にも前向きな場合が多い。

　まずは、すでに日本にシンパシーを持っている国との間で、次世代のエネルギーシステム作りに関する共同検討や共同の技術実証などを進め、日本のエネルギーシステムへの考え方に対する理解を深める。並行して、シンパシーを持ってくれる国の輪を広げていくプロモーションを行う。今後エネルギー需要が拡大するのは新興国・途上国だから、こうした取り組みは日本企業の海外展開も後押しする。

　一方、東南アジアなどでは近年、中国の影響力が増している。政府が圧倒的な資金力でインフラ整備などを支援していることに加え、民間企業の投資も増えている。海外旅行でも、ほとんどの国で日本よりはるかに多い旅行者が訪れている。こうした官財民の交流の拡大が、当該国との関係を深めていくことになる。

　中国も当然、パリ協定の議論での味方を作るための取り組みを拡大してくるはずだ。そこで、日本とぶつかるようなことがあると、「日本びいきの国を増やす」戦略の効果は一気に落ちてしまう。

◇中国対策は日中協調

　周辺諸国に対する中国の展開力は大変なものがある。海外や中国で議論をしていると、これと対峙するような戦略が成功するようには思えない。日本が中国の勢力拡大に対応するための唯一の方策は、中国と協調することだ。すべてのエネルギーシステムを共有することは難しいかもしれないが、重要なポイントを共有することはできる。

例えば、第2章で示したように、中国は今後も石炭火力を維持しなくてはならない。効率の低い石炭火力はエネルギー・環境問題の元凶ともされている。天然ガス火力についても高効率の技術を必要としている。
　火力発電に対しては、環境対策が喫緊の政策課題となっている。石炭火力に関するPM2.5、NO_X、SO_Xの排出抑制技術に加え、規制の効力を高める政策の運営ノウハウや人材育成も重要な課題だ。また、電源確保や資源ポートフォリオなどの点から、石炭火力を維持せざるを得ない中国は日本以上にCCSへの必要性が高い。
　こうした面での情報交換と共同の技術開発が進むことは歓迎される。
　原子力発電の安全性も重要となっている。今後中国はアメリカに次ぐ原子力発電大国になるが、東京電力福島第1原子力発電所の事故を受けて、中国でも原子力発電に対する不安の声が高まっている。事が原子力だけに、交換できる情報には限界があるかもしれないが、安全面に絞って情報交換することは歓迎されるはずだ。
　このような火力発電分野、原子力分野での日中協力を進めれば、相互理解が深まるだけでなく、日中が別々に海外展開を図っても、対象となる新興国・途上国で方向性がずれるリスクが少なくなる。

戦略8：ポストパリを見据えたエネルギーシステムに投資する

◇燃料のゼロカーボン化

　パリ協定の下でとなるか、パリ協定を継承する新たな国際合意の下でとなるかは定かでないが、送電網に大規模風力発電とメガソーラーを接続することを中心的な手段とするエネルギーの低炭素化は限界を呈する。まず、本書で述べているように、容量クレジットの壁で送電網内をゼロカーボンとすることはできない（図4-5）。次に、産業用の熱需要のゼロカーボンのめどが立たない。送電網がゼロカーボンでないのだから、電気自動車をいくら増やしても自動車はゼロカーボンにならない。船舶も航空機もゼロカーボンのめどが立たない。
　こうした問題を解決する1つの方法が、戦略4で示した分散型エネルギーシステムである。電熱の有効利用を最大化し、再エネをきめ細かく使うこと

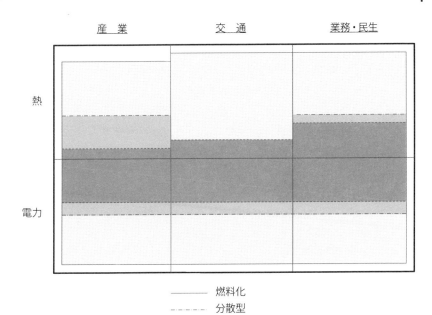

図4-5　燃料化、分散型、系統接続の有効範囲

ができ、需要家がエネルギー資産の投資リスクを取る分散型エネルギーであれば、ゼロカーボンを目指すことができる。ただし、それでも産業用の熱需要、船舶、航空機のゼロカーボンのめどは立たない。

究極のゼロカーボンを実現するために必要なのは、燃料のゼロカーボン化である。燃料という形でエネルギーを自由に運べたことが、産業革命以来、あらゆる分野で技術の進歩を可能とした。

エネルギーの歴史で最も革命的だったのは、可搬可能な高熱量の燃料を開発したことなのである。その意味で、化石燃料の存在は偉大だった。それを踏まえずに、送電網のゼロカーボンの話だけが独り歩きする地球温暖化対策は空しい。

◇**水素エネルギーの可能性**

可採期間には諸説あるが、化石燃料がどこかで底を着くことも間違いない。長期を見据えるなら、人類は化石燃料に次ぐ可搬可能な高熱量の燃料を開発しなくてはならない。現状でその候補となるのは、水素、バイオ燃料、

蓄電池だが、我々の試算では水素の経済性が高い（**表4-1**）。蓄電池で上述したような様々な用途に対応するのは現実性がない。バイオ燃料については、エネルギー密度やコストの問題に加え、世界中で大量培養されたときの生物の大量死のリスクを指摘する声もある。

地球上に降り注ぐ太陽光のエネルギーは、人類が消費するエネルギーの1万倍程度あるとされる。我々の試算によると、サハラ砂漠の10%の面積で太陽光発電し水素を生産すれば、世界中のエネルギー需要を賄えることができる。

水素の液体化には超低温が必要になるため、燃料化、輸送、保管には技術的な困難が伴うし、現状では相当に割高なことも否めない。しかし、この程度の困難さを問題視する人は、そもそも世界をゼロカーボン化することの困難さを認識していないのではないだろうか。

現段階で比較的容易に実装できる技術を組み合わせて、上述した多種多様な需要をどのようにゼロカーボン化するのだろうか。ある試算では、2050年の温室効果ガス80%削減に向けて、住む場所も移動手段も規定する、「環境社会主義」とも思えるような前提が示された。人間の活動を制約することを前提とするなら、そもそも地球温暖化対策を世界的に議論する意義が問われる。我々は、自由な活動を維持する中で、どうやって地球温暖化を抑制するかを議論しているのである。

パリ協定を巡る議論でも、心ない指摘も含めた様々な意見の応酬が見られることだろう。原子力発電が大幅に減退した日本は、世界最高の省エネ技術を持ちながら攻め込まれることもあるだろう。しかし、政治的な駆け引きが横行する中でも、日本には地球温暖化を抑制し、自由な社会を維持するための本質的な検討と技術開発を進め、世界に向けて声を発して欲しい。志を持って未来の理想像を訴え続けていけば、その姿勢はいずれ世界に認められるところとなるはずだ。

表4-1　グローバル流通に適した再生可能エネルギーの評価

	太陽光／風力	
	水素	蓄電池
用地特性 （敷地面積）	太陽光発電：約0.6万km²（四国の1/3） 風力発電：約2.0万km²（四国よりやや大）	
輸送特性	33,000Wh/kg （体積当たり：2,330Wh/l）	210Wh/kg （体積当たり：550Wh/l）
技術特性	・技術革新が進んでいる ・微細藻類などに比べて管理が簡易である ・輸送の際には液体水素の高度な管理が必要となる	・技術革新が進んでいる ・水素や藻類に比べて管理が容易である
コスト特性	・水素製造や水素の液体燃料化などの設備コストが現段階で高コストとなっている	・蓄電池が高コストである ・蓄電池の劣化が大きい ・体積密度も小さく、輸送船の利用コストが高くなる
総合評価	◎ 全体として高評価	△ 輸送の効率が悪い
	バイオマス	
	微細藻類（バイオ燃料）	パーム（バイオ燃料）
用地特性 （敷地面積）	約1万km²（四国の1/2）	約23万km²（日本の1/2）
輸送特性	7,500Wh/kg （体積当たり：10,000Wh/l）	
技術特性	・技術革新が進んでいる ・輸送は簡易である ・藻類の緻密な管理が必要で、環境変化などで大規模減産の可能性がある ・大量の水による環境影響	・従来からの手法で、作業者も確保しやすい
コスト特性	・大量の水が必要で、排水処理などのコストが大きい ・残渣の処理が必要となる	・作業者の人件費が大。 ・食用の価格高騰によって、食用転換され、入手できなくなるリスクがある
総合評価	○ 管理が困難であるが、全体に効率が良い	× 敷地が大き過ぎる

注：用地特性は再エネを120百万石油換算トン生産するのに必要な敷地の面積
出典：木通秀樹：「2050年のエネルギー転換に向けた再生可能エネルギーのグローバル流通の提案」, JRIレビュー（2016）Vol.4, No.34

column 4

海外市場で稼ぐ方法を真剣に考えよ

　公共サービスの投資回収は利用料金で賄うのが基本とされてきた。水道のインフラを水道料金で回収するようなイメージだ。国の財政規律を守ることだけを目的にしていれば、これで良かったのだが、グローバル競争を視野に入れると不十分な考え方になってきた。投資をより高い利率で回収することを競争するのがグローバル市場であるからだ。そこでは、公共資産であっても、できるだけ高い回収率を目指さなくてはいけない。

　もちろん、国民に高い料金を課すのではない。日本国内の投資によって得た公共サービスの技術やノウハウを海外に展開することで、より多くの資金を回収するのである。こうした考えを地で行くのがシンガポールである。ガーデンシティと言われる美しい町並みの設計、建設の技術・ノウハウを新興国に提供することで、都市開発事業のリターンを高めた。また、水源が極端に少ないという弱みを克服した水のリサイクルシステムの技術・ノウハウにより、海外で競争力の高い水事業を展開できた。

　日本の公共サービスは高い技術とノウハウを持ちながら、公共団体に技術・ノウハウを資金に変える意識が欠けているため、海外展開も限定される。パリ協定の下で日本のエネルギーシステムを再構築するに当たっては、シンガポールの躍進に学び、レバレッジの利いた投資を期待したいところだ。

〈著者略歴〉

井熊　均（いくま　ひとし）
株式会社日本総合研究所
常務執行役員　創発戦略センター所長

1958年東京都生まれ。1981年早稲田大学理工学部機械工学科卒業、1983年同大学院理工学研究科を修了。1983年三菱重工業株式会社入社。1990年株式会社日本総合研究所入社。1995年株式会社アイエスブイ・ジャパン取締役。2003年株式会社イーキュービック取締役。2003年早稲田大学大学院公共経営研究科非常勤講師。2006年株式会社日本総合研究所執行役員。2014年常務執行役員。環境・エネルギー分野でのベンチャービジネス、公共分野におけるPFIなどの事業、中国・東南アジアにおけるスマートシティ事業の立ち上げなどに関わり、新たな事業スキームを提案。公共団体、民間企業に対するアドバイスを実施。公共政策、環境、エネルギー、農業などの分野で60冊以上の書籍を刊行するとともに政策提言を行う。

瀧口信一郎（たきぐち　しんいちろう）
株式会社日本総合研究所
創発戦略センター シニアスペシャリスト

1969年生まれ。京都大学理学部を経て、93年同大大学院人間環境学研究科を修了。テキサス大学MBA（エネルギーファイナンス専攻）。東京大学工学部（客員研究員）、外資系コンサルティング会社、REIT運用会社、エネルギーファンドなどを経て、2009年株式会社日本総合研究所に入社。現在、創発戦略センター所属。専門はエネルギー政策・エネルギー事業戦略・インフラファンド。著書に「電力不足時代の企業のエネルギー戦略」（中央経済社・共著）、「2020年、電力大再編」（日刊工業新聞社・共著）、「電力小売全面自由化で動き出す分散型エネルギー」（日刊工業新聞社・共著）、「電力小売全面自由化で動き出すバイオエネルギー」（日刊工業新聞社・共著）、「続 2020年 電力大再編」（日刊工業新聞社・共著）など。

パリ協定で動き出す再エネ大再編
世界3大市場で伸びる事業を見極めろ

NDC540.9

2017年3月25日　初版1刷発行　　　　定価はカバーに表示されております。

　　　　　　　　　　　　　　　　Ⓒ著　者　　井　熊　　　均
　　　　　　　　　　　　　　　　　　　　　瀧　口　信一郎
　　　　　　　　　　　　　　　　発行者　　井　水　治　博
　　　　　　　　　　　　　　　　発行所　　日刊工業新聞社
　　　　　　　　　　　　　　　〒103-8548　東京都中央区日本橋小網町14-1
　　　　　　　　　　　　　　　　電話　書籍編集部　　03-5644-7490
　　　　　　　　　　　　　　　　　　　販売・管理部　03-5644-7410
　　　　　　　　　　　　　　　　　　　FAX　　　　　 03-5644-7400
　　　　　　　　　　　　　　　　振替口座　00190-2-186076
　　　　　　　　　　　　　　　　URL　http://pub.nikkan.co.jp/
　　　　　　　　　　　　　　　　email　info@media.nikkan.co.jp
　　　　　　　　　　　　　　　　印刷・製本　　新日本印刷

落丁・乱丁本はお取り替えいたします。　　　2017　Printed in Japan
　　　　　　ISBN 978-4-526-07695-4　C3034

　　　　　本書の無断複写は、著作権法上の例外を除き、禁じられています。

●日刊工業新聞社の売行良好書●

検証 電力ビジネス
勝者と敗者の分岐点

井熊 均 編著
定価（本体1,800円＋税）
ISBN978-4-526-07552-0

固定価格買取制度の実施以降、特定規模電気事業者（PPS）は700社、電力小売事業は40社が参入を表明した。しかし、新規参入組の中には、「思ったほど相乗効果が上がらない」という企業も出始めている。一方で、エネルギー市場の変革を上手く取り込み、既存事業の付加価値を高めている企業もある。本書は電力小売全面自由化を機に、30兆円の市場規模を持つとされるエネルギービジネスで成功に導くポイントを詳しく提示する。

IoTが拓く次世代農業
アグリカルチャー4.0の時代

三輪泰史、井熊 均、木通秀樹 著
定価（本体2,300円＋税）
ISBN978-4-526-07617-6

企業の参入やIT活用が進んできたものの、農業は本質的な課題を抱えたままである。その要因は「農作業者の所得水準の低さ」にある。これを解決するため、農業ロボットを含めたIoTの活用で農作業者を重労働から解放し、所得を格段に引き上げ、付加価値の高いクリエイティブな業務へと導く。本書は、そんな農業の姿を第4次農業革命と称し、そこに導入される先進技術や農業IoTシステムの全体像、ビジネスモデルを披露する。